Sellrain und Kühtai

Rudolf und Siegrun Weiss

Sellrain und Kühtai

50 Skitouren für Genießer rund um Kematen, Gries, Praxmar, Lisens,
St. Sigmund, Haggen und Kühtai

Mit 64 Farbfotos, 50 Tourenkärtchen
mit eingetragenem Routenverlauf im Maßstab 1: 50 000
sowie einer Übersichtskarte im Maßstab 1: 250 000

BERGVERLAG RUDOLF ROTHER GMBH • MÜNCHEN

Umschlagbild:
Aufstieg zur Lampsenspitze (Tour 15), einem der beliebtesten Skigipfel
des Sellraintales.

Bild gegenüber dem Titel:
Auf dem Weg zu den recht selten bestiegenen Steintalspitzen (Tour 30).

Sämtliche Fotos: Siegrun und Rudolf Weiss

Kartographie:
© Freytag und Berndt, Wien

Die Ausarbeitung aller in diesem Führer beschriebenen Anstiege
und Routen erfolgte nach bestem Wissen und Gewissen der Autoren.
Die Benützung dieses Führers geschieht auf eigenes Risiko.
Soweit gesetzlich zulässig, wird eine Haftung für etwaige Unfälle
und Schäden aus keinem Rechtsgrund übernommen.

1. Auflage 1995
© Bergverlag Rudolf Rother GmbH, München
ISBN 3-7633-5902-8
Druck und Bindung: Rother Druck GmbH, München (2422 / 41064)

Rother Skiführer – lieferbare Titel

Bayerische Alpen • Engadin • Sellrain
Weitere Titel in Vorbereitung

Alpenvereins-Skiführer – lieferbare Titel

Allgäuer Alpen • Kitzbüheler Alpen • Ortleralpen • Ostalpen Band 2–7
• Ötztaler Alpen • Silvretta und Rätikon • Stubaier Alpen • Zillertaler Alpen

Liebe Bergfreunde! Der Bergverlag Rother freut sich über jede Anregung und
Berichtigung zu diesem Rother Skiführer.

BERGVERLAG ROTHER
D-85521 Ottobrunn • Haidgraben 3 • ☎ 089/608669-0

Vorwort

Das Lob des Sellraintales oder des Kühtaier Sattels als Tourenparadies verkünden, hieße Eulen nach Athen tragen. Der schier unerschöpfliche Reichtum an Skitouren in den verschiedensten Schwierigkeitsgraden und Längen ist nicht nur den Tiroler, sondern auch den bayerischen Skitourenfreunden wohlbekannt – die langen Schlangen der geparkten Autos an den Ausgangspunkten besonders beliebter Skitouren (z.B. Zwieselbacher Roßkogel, Lisenser Fernerkogel, Rietzer Grießkogel) beweisen es.

Wir haben uns bemüht, nicht nur die Berühmtheiten vorzustellen, sondern auch weniger bekannte Rosinen aus dem prachtvollen Angebot herauszupikken: Für den »Einsteiger« Wege, die mit Sicherheit von vielen Tourenfreunden begangen werden; für den »alten Hasen« Ziele, die (hoffentlich) auch für ihn noch Neuland sind ...

Alle unsere Tourenvorschläge haben wir mehrmals begangen. Das ist kein Kunststück, denn zum Eingang des Sellraintales sind es von unserer Wohnung wenige Minuten, zu seinem Ende beim Kühtaier Sattel dauert's eine halbe Stunde länger. Wir laden ein, uns auf den Skitouren in unserer allernächsten Bergheimat zu begleiten, wünschen stäubenden Pulver oder auch zischenden Firn – und stets eine gute Heimkehr nach einem schönen Bergerlebnis.

Innsbruck, im Herbst 1994   Siegrun und Rudolf Weiss

Inhaltsverzeichnis

Skitouren für Genießer – Allgemeine Hinweise

Was sind »Skitouren für Genießer«?
Die Tourenvorschläge in diesem Buch sind nicht gedacht
- für Masochisten, die das Glück einer Skitour nach der Anzahl der Aufstiegsstunden messen;
- für Skibergsteiger, die in erster Linie einen (möglichst hohen oder berühmten) Gipfel ersteigen wollen;
- für Winterwanderer, die sich auch für einen mehrstündigen flachen Talhatscher begeistern können;
- für Zivilisationsgegner, die sich nach einem ordentlichen Schüttelfrost im Biwaksack oder Winterraum sehnen;
- für übermäßig Kontaktfreudige, die von überfüllten Massenlagern in Schutzhütten schwärmen.

Die Tourenvorschläge wenden sich vielmehr an gute Skiläufer,
- die von markierten und präparierten Pisten nicht mehr gefordert werden;
- die genußvolle Abfahrten schätzen, wozu neben gutem Schnee auch entsprechendes Gelände gehört;

Auf dem Weg zu den Sattelschröfen, einem selten bestiegenen Gipfel im Bereich der Pforzheimer Hütte.

Herrlicher Pulverschnee auf dem Südlichen Sonnenwandgletscher, ebenfalls im Tourenbereich der Pforzheimer Hütte gelegen.

- die Aufstiegshilfen nicht ablehnen, wenn sie ihnen Skigenuß nach dem Motto »viel Abfahrt für geringe Anstiegsmühe« verschaffen;
- die Annehmlichkeiten wie gepflegtes Essen und ungestörtes Schlafen schätzen.

»Skitouren für Genießer« sind demnach nach unserem Verständnis
- nicht zu lang, 1000 Höhenmeter oder rund drei Stunden im Anstieg werden nur selten überschritten;
- nicht zu flach, sogenannte »Talhatscher« als Zustiege werden tunlichst vermieden;
- nicht alpinistisch, durchaus aber skitechnisch anspruchsvoll – schwierige Kraxeleien zum Gipfel kommen nicht vor, dafür aber rassige Steilflanken. (Dasselbe gilt sinngemäß für Gletscher: Auf Anstiege, die eine Gletscherausrüstung und die Fähigkeit zur Spaltenbergung erfordern, wird verzichtet.)

Unsere Genußskitouren werden zudem in der Regel von bequemen Talquartieren aus unternommen – übrigens ohne deshalb teurer zu kommen.

Talquartiere haben ihre Eigenheiten:

- ■ Die Anstiege, die man von ihnen aus unternimmt, führen häufig nicht auf berühmte Berge. Gerade deshalb aber sind sie nicht überlaufen und bieten den zusätzlichen Genuß unverspurter Hänge.
- ■ Sie bieten mehr Wahlmöglichkeiten bezüglich der Gipfelhöhe und der Hangrichtung. Dadurch kann man sich besser den Wetter- und Schneeverhältnissen anpassen und nicht nur sicherer, sondern auch genußvoller abfahren.
- ■ Talquartiere erleichtern schließlich großzügige Überschreitungen, weil man zumeist mit öffentlichen Verkehrsmitteln zu seinem Ausgangspunkt zurückkehren kann.
- ■ Und wenn es einmal ganz schlimm stürmt und schneit, kann man auf die Piste oder gar ins Hallenbad ausweichen, sofern man nicht statt der sportlichen Ersatztätigkeit eine kunstgeschichtlich bedeutsame Kirche oder ein Museum besucht.

Schutzhütten kommen dennoch auch für »Skitouren für Genießer« in Betracht. Sie werden als Ausgangspunkte jedoch nur vorgeschlagen, wenn sie (nach entsprechender Anmeldung) Halbpension und Nächtigung in Betten bieten können. Sie eignen sich gut für die ersten selbständigen Versuche, weil man hier mit Sicherheit gut gespurte Touren vorfindet. Ebenso ist es leichter als im Talquartier, Kontakte mit Gleichgesinnten zu knüpfen und (vom Hüttenwirt) kompetente Auskünfte über die örtliche Wetter- und Lawinensituation zu erhalten. Die Anstiege zu diesen »Schutzhütten mit Komfort« werden bei Bedarf ausführlich beschrieben, obwohl Hüttenanstiege in der Regel keine »Genußtouren« sind.

Allerdings ist zu bedenken: Eine Skitour wird nicht ungefährlicher, weil man statt fünf Stunden nur zwei Stunden aufsteigt; weil sie keine Flachstücke aufweist, sondern »rassige Abfahrten« bietet; schon gar nicht, weil man Aufstiegshilfen benützt und nicht auf dem Anstiegsweg abfährt. »Umsteiger« sollten daher einen Ausbildungskurs im Tourenskilauf besuchen, bevor sie sich ihre Genußtouren auswählen. Derartige Kurse werden von allen Bergsteigerschulen, aber auch von den Sektionen der alpinen Vereine angeboten. Selbst nach einem derartigen Kurs sollten sie sich in den ersten »selbständigen Lernphasen« an leichte und viel begangene Routen halten. Eine andere Möglichkeit besteht darin, sich um tourenerfahrene Freunde umzusehen oder sich von einem einheimischen Bergführer begleiten zu lassen (Vermittlung durch den Fremdenverkehrsverband), was für eine Gruppe kaum teurer kommt als die Tageskarte in einem einigermaßen ansehnlichen Liftgebiet.

In der Scharte unterhalb des Zwieselbacher Roßkogels vor der Südabfahrt zur Pforzheimer Hütte im Gleirschtal.

Zum Gebrauch des Führers

Das Inhaltsverzeichnis gibt einen Überblick über die Tourenvorschläge. Sie sind nach ihren Ausgangspunkten gegliedert. Den einzelnen Beschreibungen sind die wichtigsten Informationen steckbriefartig vorangestellt. Einer Charakterisierung der Skitour folgt eine Schilderung des Wegverlaufs. In einem farbigen Kartenausschnitt ist die Route eingezeichnet. Fotos ergänzen die Beschreibungen. Im Stichwortverzeichnis sind alle Ziele (Gipfel, Scharten, Hütten), Talorte, Ausgangspunkte und Stützpunkte angeführt. Eine Übersichtskarte auf der Rückseite des Umschlags informiert über die geographische Lage der einzelnen Genußtouren.

Anforderungen

Um die Anforderungen besser einschätzen zu können, wurden die Skitouren für Genießer mit verschiedenen Farben bezeichnet. Ihre Bedeutung:
BLAU – leicht   **ROT** – mittelschwer   **SCHWARZ** – schwierig
Diese Bezeichnungen sind ohne nähere Beschreibung wenig sinnvoll. Leider hängen die Schwierigkeiten einer Skitour in hohem Maße von den jeweiligen Schneeverhältnissen ab. Unabhängig von den Verhältnissen sind lediglich zwei Faktoren: die Steilheit des Geländes und der Spielraum, der für die Schwünge zur Verfügung steht. Die Schwierigkeitsangaben beruhen auf diesen beiden Faktoren. Die Schneeverhältnisse muß der Benützer jeweils selbst einbeziehen und entscheiden, ob dadurch die Schwierigkeiten niedriger (z.B. hervorragender Firn in einer Steilflanke) oder höher (z.B. Bruchharsch in einer engen Rinne) eingeschätzt werden müssen.
BLAU - Anstiege, die 25° Steilheit nicht (oder nur kurzzeitig) überschreiten.
ROT - Anstiege, die 35° Steilheit nicht (oder nur kurzzeitig) überschreiten.
SCHWARZ - Anstiege, die 40° Steilheit erreichen oder sogar überschreiten.
Schränken Engstellen den Spielraum für die Schwünge ein, wird u.U. um eine Stufe »aufgewertet«. Solche Engstellen können z.B. durch ein Bachbett entstehen, durch einen Hohlweg, durch eine enge Rinne.
Die Genußtouren sind nach ihrer Schwierigkeit in eine dieser drei Gruppen eingeteilt. Darüber hinaus werden die Schwierigkeiten zusätzlich erläutert und wird auf besondere Ausrüstungsgegenstände (z.B. Harscheisen) verwiesen.

Lawinengefahr

Einen absolut lawinensicheren Anstieg gibt es kaum, allerdings auch keinen, der immer lawinengefährdet wäre. Es ist daher nicht sinnvoll, von einer »lawinengefährlichen« Tour zu sprechen. Eine Aussage über die Lawinengefährdung einer Tour kann nur als Angabe über die Wahrscheinlichkeit von Lawinenabgängen innerhalb einer Tourensaison erfolgen. Im Beschreibungskopf verwenden wir dafür im wesentlichen folgende Abstufung:

Abfahrt vom Hochwanner im leicht windgepreßten Pulverschnee.

»*Kaum lawinengefährdet*«: Dieser Anstieg kann das ganze Tourenjahr begangen werden, wenn die Spur sachgerecht angelegt wird. Gefahr droht hier nur bei extremen Witterungsverhältnissen (»Katastrophensituationen«).

»*Mitunter lawinengefährdet*«: Unter bestimmten Bedingungen droht Lawinengefahr, etwa nach starken Schneefällen, womöglich mit Windverfrachtung, oder nach einem Warmwettereinbruch.

»*Häufig lawinengefährdet*«: Anstiege, die aufgrund ihrer Steilheit oder ihrer besonderen Lage (z.B. Bedrohung von den Flanken her) besonders günstige Bedingungen erfordern, um gefahrlos begangen zu werden. Eine Ersatztour sollte bei solchen Anstiegen stets eingeplant werden. In Jahren mit ungünstigem Schneedeckenaufbau sind derart eingestufte Anstiege erst bei Firnverhältnissen ratsam.

Eine wichtige Entscheidungshilfe sind die Lageberichte der Lawinenwarndienste. Sie sollten vor jeder Skitour abgehört werden. Nach jahrzehntelangen Verhandlungen einigten sich die Lawinenwarndienste auf einer Tagung im bayerischen Wildbad Kreuth 1993 auf eine einheitliche europäische Lawinenskala.

In Gipfelnähe ist der Kamm des Roten Kogels häufig arg verblasen. Im Hintergrund ragt der markante Gipfel des Habicht aus dem Wolkenmeer.

Grundlage der Skala ist die Stabilität der Schneedecke. Sie wird für jede einzelne der 5 Gefahrenstufen (in Österreich bisher: 6) beschrieben. Von der Stabilität der Schneedecke her wird die Wahrscheinlichkeit eines Abganges von Lawinen formuliert. Dabei wird unterschieden zwischen der Wahrscheinlichkeit einer künstlichen Auslösung (z.B. durch einen Skiläufer) und einer spontanen Auslösung (Selbstauslösung).

Die Lawinenwarnungen enthalten Angaben über die Gefahrenstufe und die Auslösewahrscheinlichkeit sowie Hinweise für den Tourengeher:

Gefahrenstufe 1: gering – Eine Lawinenauslösung ist nur an sehr wenigen, extremen Steilhängen möglich. Allgemein sichere Tourenverhältnisse.

Gefahrenstufe 2: mäßig – Eine Lawinenauslösung ist bei größerer Zusatzbelastung vor allem an Steilhängen der angegebenen Exposition und Höhenlage möglich. Unter Berücksichtigung lokaler Gefahrenstellen günstige Tourenverhältnisse.

Gefahrenstufe 3: erheblich – Eine Lawinenauslösung ist bei mittlerer Zusatzbelastung vor allem an Steilhängen der angegebenen Exposition und Höhenlage wahrscheinlich. Skitouren erefordern lawinenkundliches Beurteilungsvermögen; Tourenmöglichkeiten eingeschränkt.

Gefahrenstufe 4: groß – Eine Lawinenauslösung ist bereits bei geringer Zusatzbelastung an den meisten Steilhängen wahrscheinlich. Fallweise sind viele mittlere, vereinzelt auch große spontane Lawinen zu erwarten. Skitouren erfordern großes lawinenkundliches Beurteilungsvermögen; Tourenmöglichkeiten stark eingeschränkt.

Gefahrenstufe 5: sehr groß – Zahlreiche große spontane Lawinen sind zu erwarten. Skitouren sind allgemein nicht möglich.

Das lawinengefährdete Gelände ist im Lawinenlagebericht zumeist näher beschrieben, z.B. bezüglich der Höhenlage, der Exposition (Hangrichtung) und der Geländeform. »Zusatzbelastung« wird definiert als
- groß z.B. bei Skifahrergruppen ohne Abstände, Pistenfahrzeugen, Lawinensprengungen, bei angesprungenen Schwüngen;
- mittel z.B. bei Skifahrern, Fußgängern;
- gering z.B. Skifahrer als Fernauslösung vom Hangfuß aus.

Lawinenwarndienst, Telefonnummern: 0512/1587 (Tonband) und 0512/581839 (persönliche Beratung). Bei Einwahl aus Deutschland, aus der Schweiz oder aus Italien/Südtirol: 0043/512/1587 (Tonband) bzw. 0043/512/581839 (persönliche Beratung).

Gehzeiten für den Aufstieg

Die für einen Aufstieg angegebene Zeit gilt für durchschnittliche Verhältnisse. Im Vergleich zu den Angaben in Wanderführern kann es erhebliche Abweichungen geben. Beim Anstieg mit Fellen spielen die Schneeverhältnisse eine bedeutende Rolle. Auch Gruppengröße und Witterungseinflüsse wirken sich stärker aus als im Sommer. Dasselbe gilt für die Ausrüstung: Eine nicht voll abhebbare Bindung oder das Fehlen von Harscheisen können unter bestimmten Bedingungen einen Anstieg bedeutend verlängern. Natürlich spielen auch (wie im Sommer) Trainungszustand und Höhe eine Rolle. Die Zeitangaben berücksichtigen vor allem die zu überwindenden Höhenmeter, beziehen aber auch die Entfernungen und etwaige Schwierigkeiten im Gipfelbereich ein. Sie sind nicht nur für durchschnittliche Verhältnisse, sondern auch für ein durchschnittliches Tempo gedacht. Dabei ist es schwierig, die Zustimmung aller Benützer zu erhalten. Wie im Straßenverkehr neigen wir dazu, uns selbst als das Maß der Geschwindigkeit zu betrachten: Wen wir überholen, der ist ein »Schleicher«, wer uns überholt, der ist ein »Renner«. Während in Wanderführern Abstiegszeiten angegeben werden, ist das für die Abfahrt auf einer Skitour nicht möglich. Die Schneeverhältnisse und das unterschiedliche skitechnische Können bedingen eine Streuung, die eine derartige Angabe nutzlos machen würde. Die Abfahrt nach einem dreistündigen Anstieg kann bei durchaus vertretbarer Geschwindigkeit eine halbe Stunde für eine Gruppe guter Skiläufer bei prachtvollen Schneeverhältnissen, aber auch zwei Stunden (für schwächere Skiläufer bei Bruchharsch oder tiefem Schneesumpf) betragen.

Orientierung
Auf einer Skitour finden wir keine markierten Wege vor. Es ist deshalb insbesondere für Umsteiger oder weniger erfahrene Tourengeher wichtig zu

Rückblick zur Pforzheimer Hütte und ihrem »Hüttengipfel«, dem Schartlkopf, beim Anstieg zu den Sattelschröfen.

Auf dem Anstieg zum Schafleger aus dem Senderstal. Die große Gruppe erweckt den Eindruck einer vielbegangenen Skitour; tatsächlich aber wird der Gipfel von dieser Seite her sehr viel seltener bestiegen als aus der Fotsch.

erfahren, ob die Orientierung leicht oder schwer möglich ist, ob man mit anderen Tourengehern oder zumindest ihren Spuren rechnen kann oder nicht. Darauf wird bei jeder Genußtour kurz eingegangen.

Der Umgang mit der Karte, aber auch mit der Bussole und dem gerade bei Skitouren sehr wichtigen Höhenmesser, sollte erlernt und immer wieder geübt werden. Ausdrücklich sei darauf verwiesen, daß bei einsetzendem Schneefall, ganz besonders unter Windeinfluß, vorhandene Anstiegs- oder Abfahrtsspuren oberhalb der Waldgrenze sehr rasch, oft innerhalb von Minuten, unsichtbar werden können. Rechtzeitige Umkehr ist in diesem Fall empfehlenswert, d.h. Abbruch der Skitour, solange man noch genau weiß, wo man sich befindet.

Günstige Zeit

Die Sicherheit wird beim Tourenskilauf maßgeblich durch die Wahl des richtigen Zieles zur richtigen Zeit beeinflußt. Bei jedem Gipfel werden jene Monate genannt, in denen normalerweise eine Ersteigung möglich ist. Dabei handelt es sich natürlich nicht um verbindliche Angaben. In einem schneereichen Winter kann man u.U. schon einen Monat früher erfolgreich sein, während es fast immer möglich ist, einen Monat später aufzusteigen. Das bringt zumeist größere Sicherheit, die mitunter mit einem Zustieg in aperem Gelände mit aufgeschnallten Ski erkauft werden muß.

Wild, Wald und Tourismus

Obwohl Sellrain und Kühtai an schönen Wochenenden von Tourengehern überquellen, handelt es sich um eine weitgehend unversehrte Kultur- und Naturlandschaft. Wir müssen uns bemühen, mit dieser Landschaft schonend umzugehen. Dafür haben wir gute Voraussetzungen: Skitouren sind »Sanfter Tourismus«. Der nächste Schneefall löscht unsere Spuren. Sie sind aber nur gelöscht, wenn wir uns rücksichtsvoll verhalten, Aufforstungen umfahren, um die jungen Bäumchen nicht mit den Stahlkanten zu gefährden, dichten Wald meiden, der dem Wild Einstand bietet. Häufig wird im Text in der Waldzone eine Forststraße für den Anstieg und die Abfahrt genannt. Wir bitten, diese Hinweise zu beachten. Das gilt insbesondere für ortsunkundige Tourengeher: Schöne Waldschneisen enden mitunter unvermutet im Dickicht, und die Skitour artet ungewollt in Waldfrevel aus.

Die Gesetzeslage: In Österreich darf jedermann/jedefrau Wald zu Erholungszwecken betreten, und zwar auch abseits der Wege. Als Einschränkung nennt das Forstgesetz Jungwälder mit einem Bewuchs unter drei Metern. Sie dürfen nicht betreten und natürlich auch nicht mit Ski befahren werden. Darüber hinausgehende Betretungsverbote können nur von der Behörde erlassen und durch entsprechende Beschilderung erkennbar gemacht werden, also nicht von einem Waldbesitzer oder Jagdberechtigten. Dasselbe gilt für etwaige Sperren rund um Futterstellen des Wildes nach dem Tiroler Jagdgesetz. Wenig betroffen dürften Tourengeher von den zusätzlichen Beschränkungen nach der Forstgesetznovelle 1988 sein: Im Bereich von Aufstiegshilfen sind Abfahrten nur auf markierten Pisten oder Skirouten gestattet. »Bereich von Aufstiegshilfen« bedeutet einen Umkreis von einer halben Gehstunde, mindestens aber ein Gebiet von 500 m zu beiden Seiten der Aufstiegshilfe, der Piste oder der markierten Abfahrt. Diese Einschränkungen sind maßvoll, vernünftig und im Interesse jedes Naturfreundes gelegen, zu denen Skitourengeher wohl gezählt werden können.

Landkarten

Für die Skitouren genügen bei guter Sicht zumeist unsere Kartenausschnitte mit der eingezeichneten Route. Für die Bestimmung entfernterer Gipfel wird man dennoch eine Landkarte erwerben. Geeignet sind für diesen Zweck Wanderkarten im Maßstab 1: 50 000, z.B. Freytag & Berndt WK 241 (Innsbruck, Stubai-Sellrain, Brenner) und (für den westlichsten Teil unseres Tourengebietes) Freytag & Berndt WK 252 (Imst, Landeck, Telfs, Fernpaß). Für hohe Ansprüche an die Genauigkeit kommen Landkarten im Maßstab 1: 25 000 in Betracht, die AV-Karte 31/2 (Stubaier Alpen – Sellrain, mit Skirouten) oder die entsprechenden Blätter der Österreichischen Karte (147V Axams und 146V Ötz).

Im mittleren Teil des Anstieges zu den Steintalspitzen.

Skitouren für Genießer – Sellrain und Kühtai

Innerhalb der Stubaier Alpen nehmen das Sellraintal und der Kühtaier Sattel eine Sonderstellung ein. Nirgends sonst gibt es ein derartig großes Angebot prachtvoller Skitouren auf einem verhältnismäßig kleinen Raum.

Die günstige Anreise steigert die Beliebtheit dieses Gebietes: Von der Autobahnabfahrt »Kematen/Sellrain« sind es 10 Minuten bis zum ersten Talort (Grinzens) bzw. 30 Minuten bis zum letzten (Kühtai). Die gut ausgebaute Straße wird im Winter gestreut, doch sind nach stärkeren Schneefällen an zwei Stellen (kurz nach Gries bzw. kurz nach St. Sigmund) mitunter Ketten (oder Vierradantrieb) erforderlich. Die Anreise zu den meisten Ausgangspunkten für Skitouren ist auch mit öffentlichen Verkehrsmitteln möglich: Die Buslinie 4166 führt von Innsbruck (Busbahnhof) über Kematen, Gries im Sellrain nach Kühtai (Endstation Dortmunder Hütte). Einige Kurse zweigen in Gries nach Praxmar ab. Lisens ist dagegen mit öffentlichen Verkehrsmitteln nicht erreichbar. Eine andere Linie (4196 führt von Imst bzw. Ötztal Bahnhof über Ötz von Westen zum Kühtaier Sattel. Endstation ist in diesem Fall die Talstation des Hochalterlifts. Größere Lifterschließungen finden wir nur im Kühtai, kleinere in Praxmar im Lisenser Tal. Im wesentlichen gehören das Sellraintal und der Kühtaier Sattel den Tourengehern. Für »Skitouren für Genießer« in unserem Verständnis stören auch die Liftanlagen nicht; sie können häufig in die Planung einbezogen werden und ermöglichen Skitouren nach dem Motto »viel Abfahrtsfreude bei geringer Anstiegsmühe«.

Die Tourenmöglichkeiten sind schier unerschöpflich. Wir haben schweren Herzens ein Dutzend Touren, die wir schätzen und gerne angeboten hätten, herausgestrichen, um den Rahmen dieses Bändchens nicht zu sprengen. Diese Skitouren werden fast durchwegs nicht vom Haupttal aus angegangen, sondern von den Seitentälern: dem Senderstal (Talort Grinzens), dem Fotscher Tal (Talort Sellrain), dem Lisenser Tal (Talort Gries), dem Gleirschtal (Talort St. Sigmund), dem Kraspestal (Talort Haggen). Das Kühtai ist nur auf den beiden Seiten des Haupttales verliftet. Finstertal, Mittertal und Wörgetal versprechen ungestörten Skitourengenuß. (Im Längental wurde keine Skitour beschrieben; dieses Tal macht seinem Namen allzuviel Ehre.)

Einen groben Überblick über die Schwierigkeit der Skitouren vermittelt das Inhaltsverzeichnis, in dem die einzelnen Touren nach ihrer Schwierigkeit mit den Farben BLAU, ROT bzw. SCHWARZ gekennzeichnet sind. Nähere Informationen über die Anforderungen liefert die jeder Skitour vorangestellte Kurzinformation.

Zumeist handelt es sich um Tagestouren, die vom bequemen Talquartier aus angegangen werden. Im Sellraintal gibt es aber auch eine ganze Reihe von Alpengasthöfen und Schutzhütten, die nach kurzem Aufstieg eine gemütliche Unterkunft bieten – Potsdamer Hütte, Westfalenhaus und Pforzheimer Hütte seien als Beispiele genannt.

Beim Anstieg zur Hinteren Karlesspitze aus dem Wörgetal; im Hintergrund überragen die Bergketten der Nördlichen Kalkalpen das Inntal.

Informationen und Adressen von A – Z

Alpine Auskunft: Österreichischer Alpenverein, ☎ 0512/5320/175.
Anreise: Zentraler Ausgangspunkt für unser Tourengebiet ist Innsbruck. Hierher kommt man mit dem eigenen PKW von Osten, Westen und Süden auf der Autobahn. Es bestehen zudem Bahn-, Bus- und Flugverbindungen. Von Innsbruck auf guter Straße ins Sellraintal und nach Kühtai (29 km von der Autobahnabfahrt »Kematen/Sellrain«). Busverbindung (Linie 4166) von Innsbruck (Busbahnhof) über Gries nach Kühtai (bis Dortmunder Hütte). Hierher auch (Linie 4196) von Imst über Ötztal Bahnhof und Ötz (bis zum Hochalterlift).
Auskünfte: Die Fremdensverkehrsverbände der Talorte informieren über ihr Gebiet und vermitteln Quartiere. Ihre Anschriften und Telefonnummern sind dem Abschnitt »Talorte im Überblick« zu entnehmen.
Bergbahnen und Skilifte: Liftzentren sind Axamer Lizum und Kühtai. Bescheidenere Erschließungen finden sich im Skigebiet »Ranggerköpfl« (Oberperfuß) und in Praxmar.

Abfahrt im späten Frühjahr von der Mute (Tour 43). Wegen der Kürze des Anstieges ist dieser Tourenvorschlag geradezu ideal für Kinder.

Der Mitterzaigerkopf eignet sich als Ausweichziel, wenn am Anstieg zum Rietzer Grießkogel Trubel herrscht. Die letzten Meter zum Gipfel führen über einen unschwierigen Wächtengrat.

Bergführer: Tiroler Bergführerverband, A-6450 Sölden, ☎ 05254/2340, Fax 3171. Ortsansässige Bergführer vermitteln die jeweiligen Fremdenverkehrsverbände.

Bergrettung: Unfallmeldungen Ortsstelle Gries der Bergrettung, ☎ 05236/309, im Notfall 211.

Bergsteigerschulen: In Tirol gibt es zahlreiche Bergsteigerschulen. Die größten sind die Bergsteigerschule des Österreichischen Alpenvereins (☎ 0512/59547/34) und die Alpinschule Innsbruck (☎ 0512/546000).

Campingplätze: In der Nähe unseres Tourenbereiches Innsbruck-Kranebitten (☎ 0512/284180), Innsbruck-Reichenau (☎ 0512/46252), Ötz (☎ 05252/6485), Unterperfuß (☎ 05232/2209).

Fahrverbote: Forst- und Almstraßen sind häufig mit Fahrverboten belegt bzw. nur für Anrainer zur Benützung freigegeben.

Hallenbäder: In der Nähe unseres Tourenbereiches in Innsbruck, Axams und Seefeld – ein Tip für Schlechtwettertage.

Kunst: Kurze Hinweise finden sich im Abschnitt »Talorte im Überblick«. Wer sich umfassend informieren möchte, sollte die angegebene Literatur nach entsprechenden Titeln durchsuchen.

Lawinenlagebericht: Tonbanddienst über ☎ 0512/1587; persönliche Beratung unter ☎ 0512/581839. Rundfunkdurchsagen in Österreich-Regional, täglich um 7.50 Uhr, an Sonn- und Feiertagen um 8.05 Uhr.

Literatur:

Brandstätter, Christian (Hg.) (1980): Tirol. Wien.

Dehio-Handbuch (1980): Die Kunstdenkmäler Österreichs – Tirol. Wien.

Egg, Erich (1972): Kunst in Tirol – Malerei und Kunsthandwerk. Innsbruck.

Egg, Erich (1973, 2. Aufl.): Kunst in Tirol – Baukunst und Plastik. Innsbruck.

Forcher, Michael (1989): Zu Gast im Herzen der Alpen. Eine Bildgeschichte des Tourismus in Tirol. Innsbruck.

Klier, Heinrich und Klier, Walter (1988, 10. Aufl.): Alpenvereinsführer Stubaier Alpen. München.

Mehling, Marianne (Hg.) (1986): Knaurs Kulturführer in Farbe – Tirol. München.

Weiss, Rudolf (1986): Skitouren in den Stubaier Alpen. Innsbruck.

Weiss, Rudolf (1990): Alpenvereins-Skiführer Stubaier Alpen. München.

Notfälle: Rotes Kreuz oder Flugrettung, Notruf 144. Ortsstelle Gries der Bergrettung, ☎ 05236/309, im Notfall 211.

Schutzhütten: Als Stützpunkte für Skitouren für Genießer wurden Hütten/Berggasthöfe beschrieben, die Nächtigung in Betten und Halbpension anbieten (Kemater Alm, Bergheim Fotsch, Potsdamer Hütte, Westfalenhaus, Pforzheimer Hütte, Dortmunder Hütte). Bei Interesse an näheren Angaben bitte Stichwortverzeichnis heranziehen!

Telefon: Die Einwahl ins österreichische Telefonnetz erfolgt aus Deutschland, der Schweiz und Italien (Südtirol) über 0043. Die erste Null der innerösterreichischen Vorwahl ist wegzulassen.

Verkehr: Das Sellraintal und der Kühtaier Sattel sind mit Innsbruck durch eine Autobuslinie verbunden (Linie 4166). Endstation ist die Dortmunder Hütte. Einige Kurse fahren über Gries im Sellrain nach Praxmar, einem wichtigen Ausgangspunkt für Skitouren (Zischgeles, Lampsenspitze). Die Auffahrt zum Kühtaier Sattel kann auch von Imst bzw. Ötztal Bahnhof über Ötz erfolgen (Linie 4196). Endstation ist in diesem Fall die Talstation des Hochalterlifts. Fahrplanauskünfte ☎ 0512/585155.

Wetter: Amtlicher Wetterbericht und amtliche Wettervorhersage, ☎ 08152/1566; Alpenverein-Wetterdienst, ☎ 0512/291600; Wetterdienststelle Innsbruck, ☎ 0512/281738.

Im »Wilden Kar« nach der Abfahrt von der Kraspesspitze ins Kraspestal. Die Abfahrt führt vom rechten, nur scheinbar niedrigeren Gipfel herab.

Talorte im Überblick

Grinzens, 928 m

Das Fremdenverkehrs- und Bauerndorf am Eingang zum Senderstal ist 11 km von Innsbruck entfernt. Autobusverbindung von Innsbruck (Linie 4162) über Götzens, Birgitz und Axams. Grinzens ist der Ausgangspunkt für die Kemater Alm und die Adolf-Pichler-Hütte und für viele schöne Skitouren im Senderstal. Rodelbahn.

Kemater Alm (1673 m): Alpengasthof am Ende des Fahrweges ins Senderstal. 25 Betten und 25 Lager. Anschrift: A-6094 Grinzens, ☎ 0663/5707 (Autotelnetz C). Die etwas rauhe Fahrstraße ist gegen eine geringe Mautgebühr im späteren Frühjahr befahrbar. Sie dient im Winter als Rodelbahn. In diesem Falle ist die Auffahrt mit einem Taxibus möglich (Auskunft »Sportcafe« in Grinzens, ☎ 05234/8256). Zu Fuß 2 Stunden. Abfahrt vom Hoadl (Axamer Lizum) zur Kemater Alm möglich, aber mitunter lawinengefährdet – abzuraten.

Auskünfte: Fremdenverkehrsverband A-6094 Grinzens, ☎ 05234/7350.

Sellrain, 908 m

10 km von der Ausfahrt »Kematen/Sellrain« der Inntal-Autobahn. Autobusverbindung (Linie 4166) Innsbruck über Kematen. Etwa 1000 Einwohner. Der Ort, der dem Tal den Namen gegeben hat, wird bereits 1313 als selbständige Gemeinde erwähnt. Sehenswert ist die Pfarrkirche St. Anna, etwas abseits des Dorfes. Viel besucht wurde früher die Wallfahrtskirche St. Quirin, die vielleicht auf eine vorchristliche Kultstätte zurückgeht. In Sellrain zweigt das Fotscher Tal ab. Eine Fahrstraße führt bis zum Bergheim in der Fotsch (☎ 0663/57377). Sie dient im Winter als Rodelbahn und ist in dieser Zeit nur mit Einschränkungen befahrbar. Sellrain ist der Talort für die Potsdamer Hütte. Ein umstrittenes Projekt, die »Seigesalm-Erschließung« durch eine Gondelumlaufbahn, zwei Vierersessellifte und einen Schlepplift, steht (derzeit) nicht mehr zur Diskussion. Zu Sellrain gehört der hoch über dem Ort gelegene, malerische Weiler St. Quirin.

Auskünfte: Fremdenverkehrsverband A-6181 Sellrain, ☎ 05230/244.

Gries im Sellrain, 1187 m

16 km von der Ausfahrt »Kematen/Sellrain« der Inntal-Autobahn. Autobusverbindung (Linie 4166) von Innsbruck über Kematen und Sellrain. Etwa 500 Einwohner. In Gries zweigt das Lisenser Tal (auch »Lüsenser Tal«) ab. Eine Fahrstraße führt fast bis zum Talschluß, zum Gasthof Lisens (auch »Lüsens«, ☎ 05236/215), dem Ausgangspunkt für das Westfalenhaus. Auf halbem Wege zweigt von der Straße durch das Lisenser Tal ein Ast ab, der zum Weiler Praxmar, 1689 m, führt (Busverbindung über Gries).

Auskünfte: Fremdenverkehrsverband A-6182 Gries, ☎ 05236/224.

Die Hotelsiedlung Kühtai ist Ausgangspunkt zahlreicher Skitouren verschiedenster Schwierigkeiten und Hangrichtungen.

St. Sigmund, 1513 m
Der Ort liegt 21 km von der Ausfahrt »Kematen/Sellrain« der Inntal-Autobahn entfernt. Autobusverbindung (Linie 4166) Innsbruck über Kematen und Gries. Die Höfegruppe Peida, etwa 500 m östl. von St. Sigmund, war Schauplatz eines furchtbaren Lawinenunglücks im Jahre 1970. Die Pfarrkirche stammt aus gotischer Zeit und zeigt noch zahlreiche Fresken. In St. Sigmund zweigt das Gleirschtal ab, durch das der Weg zur Pforzheimer Hütte führt. 2 km westl. von St. Sigmund finden wir eine Häusergruppe und einen Gasthof am Eingang des Kraspestales, den Weiler Haggen, 1646 m.
Auskünfte: Fremdenverkehrsverband A-6182 St. Sigmund, ☎ 05236/209.

Kühtai, 2017 m
Diese Hotelsiedlung liegt rund um den Kühtaier Sattel, dem Übergang vom Sellraintal ins Ötztal. 29 km von der Ausfahrt »Kematen/Sellrain« der Inntal-Autobahn. Autobusverbindung (Linie 4166) von Innsbruck über Kematen und Gries, aber auch (Linie 4196) von Imst über Ötz. Zahlreiche Aufstiegshilfen (zwei Sesselbahnen, mehrere Schlepplifte). Loipe. Altes Jagdschloß Kaiser Maximilians. Etwas unterhalb der Paßhöhe liegt die Dortmunder Hütte des DAV, die von Anfang Dezember bis Anfang Mai bewirtschaftet wird (☎ 05239/202 oder 224).
Auskünfte: Fremdenverkehrsverband A-6183 Kühtai, ☎ 05239/222.

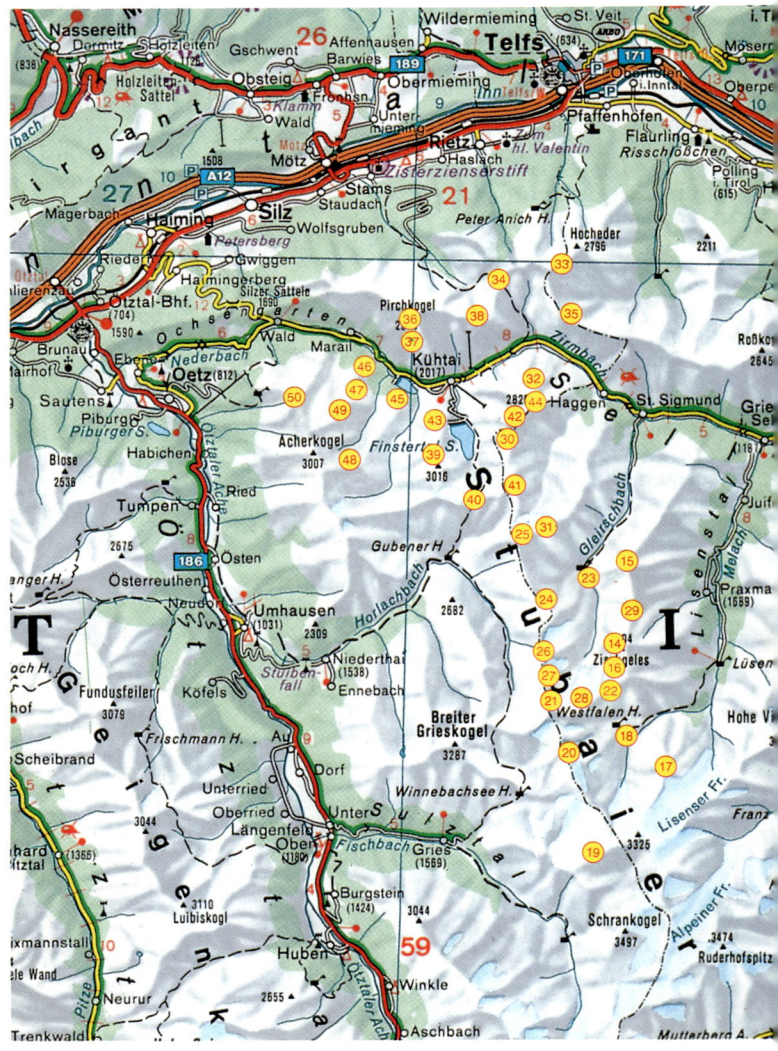

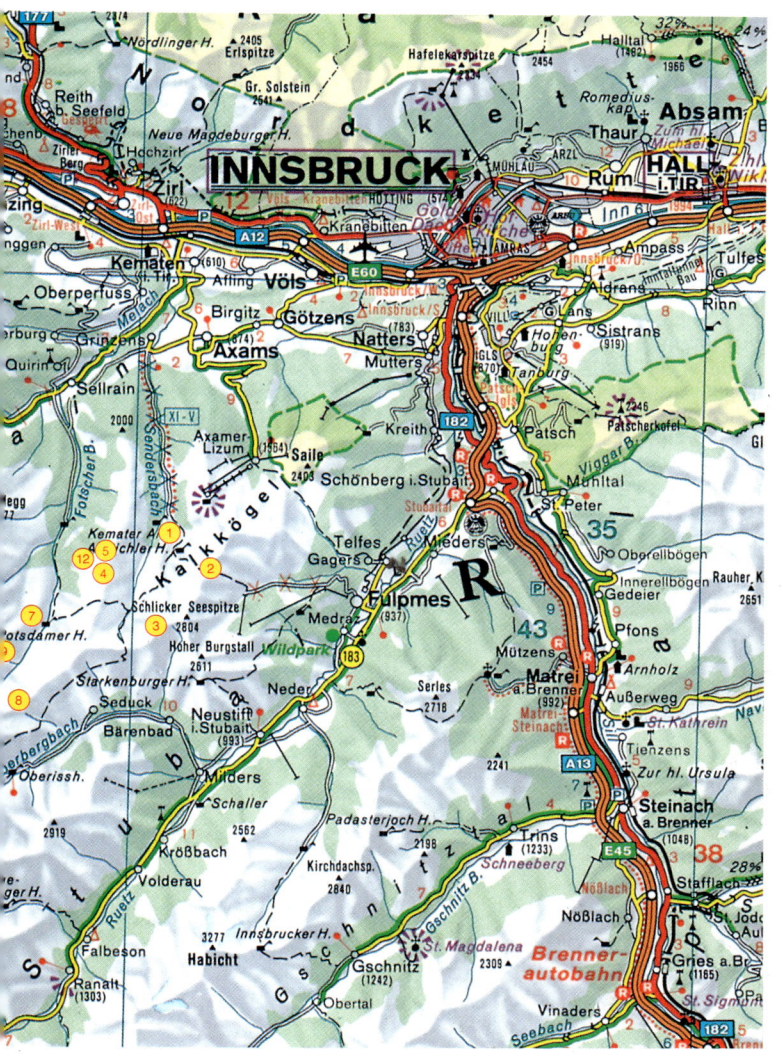

1 Sonntagsköpfl, 2096 m

Leichtes und kurzes Ziel für den Ankunftstag

Kemater Alm – Adolf-Pichler-Hütte – Sonntagsköpfl – Kemater Alm

Talort: Grinzens, 928 m. 2 km von Axams, 10 km von der Autobahnabfahrt »Kematen/Sellrain«. Autobusverbindung mit Innsbruck. Nähere Angaben S. 26.
Ausgangspunkt: Kemater Alm, 1673 m. Nähere Hinweise unter »Grinzens«, S. 26.
Höhenunterschied: 423 Hm.
Gehzeiten für den Aufstieg: Kemater Alm – Adolf-Pichler-Hütte 1 Std., Adolf-Pichler-Hütte – Sonntagsköpfl ½ Std.; Gesamtzeit 1½ Std.
Anforderungen: Leichte Skitour, auch für Anfänger geeignet.
Hangrichtung: Aufstieg Nord und Südwest, Abfahrt vorwiegend Nordost und Nordwest.
Lawinengefährdung: Bei vernünftiger Spuranlage kaum lawinengefährdet.
Orientierung: Bis zur Adolf-Pichler-Hütte problemlos. Von der Hütte bei guter Sicht auch ohne Spuren keine besonderen Schwierigkeiten.
Günstige Zeit: Dezember – April.

Variante: Skispitzl, etwa 2350 m. Deutlich anspruchsvoller, mitunter lawinengefährdet. ½ Std. länger.

Das Sonntagsköpfl ist ein unbedeutender Gipfel, bietet aber wegen seiner vorgeschobenen Lage (südl. oberhalb der Kemater Alm) einen guten Einblick in die Tourenmöglichkeiten dieses Stützpunktes.

Von der **Kemater Alm** auf einem Fahrweg gemütlich, erst im letzten Teil etwas steiler, zur **Adolf-Pichler-Hütte** (1977 m) des Akademischen Alpenclubs Innsbruck (Sommerbewirtschaftung). Die Hütte liegt sehr schön am Fuße der eindrucksvollen Kalkkögel, der (etwas brüchigen) »Nordtiroler Dolomiten«.

Von der Adolf-Pichler-Hütte nach einem scharfen Bogen Richtung Südwest in der Flanke des Sonnenhanges in den Kamm, der das Grießbachtal vom Senderstal trennt. Man erreicht die vorgeschobene Kuppe mit dem großen Gedenkstein und dem Kreuz. Zum eigentlichen Gipfel steigt man Richtung Süd über den Kamm unschwierig in wenigen Minuten auf.

Die **Abfahrt** auf dem Anstiegsweg ist langweilig. Reizvoller: Rechts (östlich) vom Kreuz über einen zunehmend breiten Rücken Richtung Nordost abfahren, dann links haltend Richtung Nordwest zur Brücke unterhalb der **Kemater Alm**.

Variante: Skispitzl (etwa 2350 m), auf unserer Karte nicht kotiert, aber bezeichnet. Erste größere Erhebung südl. der Hütte. Von der Hütte Richtung Süd über sanfte Böden, nach rechts abzweigend in zunehmender Steilheit auf das Skispitzl.

Auf dem Anstieg von der Kemater Alm über die Adolf-Pichler-Hütte zum Sonntags-köpfl. Im Hintergrund ragt der besonnte Gipfel des Gamskogels über den Kamm.

2 Kleine Ochsenwand, 2553 m

Frühjahrsskitour mit kurzer Kletereinlage

Kemater Alm – Adolf-Pichler-Hütte – Alpenclubscharte – Ochsenwand

Talort: Grinzens, 928 m. 2 km von Axems, 10 km von der Autobahnabfahrt »Kematen/Sellrain«. Autobusverbindung mit Innsbruck. Nähere Angaben S. 26.
Ausgangspunkt: Kemater Alm, 163□ m. Nähere Hinweise unter »Grinzens«, S. 26.
Höhenunterschied: 880 Hm, davon etwa 800 mit Ski.
Gehzeiten für den Aufstieg: Kemater Alm – Adolf-Pichler-Hütte 1 Std., Adolf-Pichler-Hütte – Alpenclubscharte 1½ Std., Alpenclubscharte – Kleine Ochsenwand (zu Fuß) ½ Std.; Gesamtzeit 3 Std.
Anforderungen: Unterhalb der Scharte ziemlich steil. Spät im Jahr sind Harscheisen nützlich. Von der Scharte zum Gipfel bei günstigen Verhältnissen Kletterei über Schrofen und Blockwerk (I), Schuhe mit Profilsohle und entsprechende Klettererfahrung erforderlich.
Hangrichtung: Aufstieg und Abfahrt vorwiegend West.
Lawinengefährdung: Im Hochwinter häufig lawinengefährt. Am besten bei Firn im späten Frühjahr.
Orientierung: An Wochenenden von Einheimischen im Frühjahr häufig begangen (auch mit Firngleitern). Die Orientierung ist jedoch auch bei fehlenden Spuren unschwierig.

Günstige Zeit: März – Mai.
Varianten: In Verbindung mit leichten oder schwierigen Kletterfahrten lassen sich im späten Frühjahr auch andere steile Kare befahren. So ist z.B. die Schlicker Seespitze (2804 m), die höchste Erhebung der Kalkkögel, für gute Skibergsteiger fast vom Gipfel weg befahrbar.

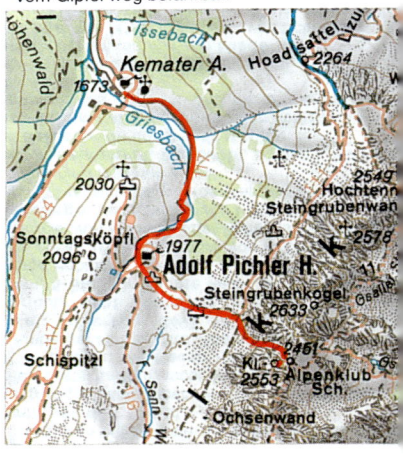

Wer sich im späten Frühjahr nicht entscheiden kann, ob er noch eine Skitour gehen oder bereits eine Kletterfahrt unternehmen möchte, der ist mit dem Anstieg auf die Kleine Ochsenwand – auch schwierigere Kletereien sind möglich – gut beraten.
Von der **Kemater Alm** auf dem auch bei Schneelage meist gut erkennbaren Fahrweg gemütlich, erst im letzten Teil etwas steiler, zur **Adolf-Pichler-Hütte** (1977 m) des Akademischen Alpenclubs (Sommerbewirtschaftung). Die Hütte liegt ungemein aussichtsreich unterhalb der Kalkkögel. Von der Hütte überblickt man bereits den weiteren Aufstieg: Mit geringem Höhengewinn Richtung Südost über flache Böden. Zur Scharte führt ein Kar, das sich zunehmend aufsteilt, aber erst im obersten Teil verengt. Durch dieses Kar

Von der Adolf-Pichler-Hütte erkennt man den gesamten weiteren Anstieg in die Alpenclubscharte. Rechts der schmalen Einschartung erhebt sich der Felsgipfel der Kleinen Ochsenwand.

erreicht man die **Alpenclubscharte** (2451 m). Nach rechts kann man noch ein kurzes Stück bis zu den Felsen hin aufsteigen. **Skidepot**. Wer es sich zutrauen darf, quert in die Westflanke, steigt schräg nach links auf, hält sich dann wieder rechts und erreicht das Gipfelkreuz.

Die **Abfahrt** vom Skidepot folgt dem Anstiegsweg. Im unteren Teil ermöglicht das Kar Abweichungen – auf der Suche nach unverspurtem Schnee.

3 Gamskogel, 2659 m

Landschaftlich schöner Aufstieg mit rassiger Abfahrtsvariante

Kemater Alm – Adolf-Pichler-Hütte – Seejöchl – Gamskogel

Talort: Grinzens, 928 m. 2 km von Axams, 10 km von der Autobahnabfahrt »Kematen/Sellrain«. Autobusverbindung von Innsbruck. Nähere Angaben S. 26.
Ausgangspunkt: Kemater Alm, 1673 m. Nähere Hinweise unter »Grinzens«, S. 26.
Höhenunterschied: 986 Hm.
Gehzeiten für den Aufstieg: Kemater Alm – Adolf-Pichler-Hütte 1 Std., Adolf-Pichler-Hütte – Seejöchl 2 Std., Seejöchl – Gamskogel ½ Std.; Gesamtzeit 3½ Std.
Anforderungen: Leichte Skitour, teilweise mit dem Charakter einer landschaftlich schönen Skiwanderung. Abfahrt ins Senderstal anspruchsvoll – ROT
Hangrichtung: Aufstieg Nord/Nordost, Abfahrt vorwiegend Nord und Nordwest.
Lawinengefährdung: Mitunter lawinengefährdet, insbesondere bei der Querung eines steilen Hanges kurz vor dem Seejöchl.
Orientierung: An schönen Wochenenden meist begangen. Bei nicht vorhandener Spur Orientierung bei guter Sicht einfach.
Günstige Zeit: Dezember – Mai. Abfahrtsvariante besser erst ab März.

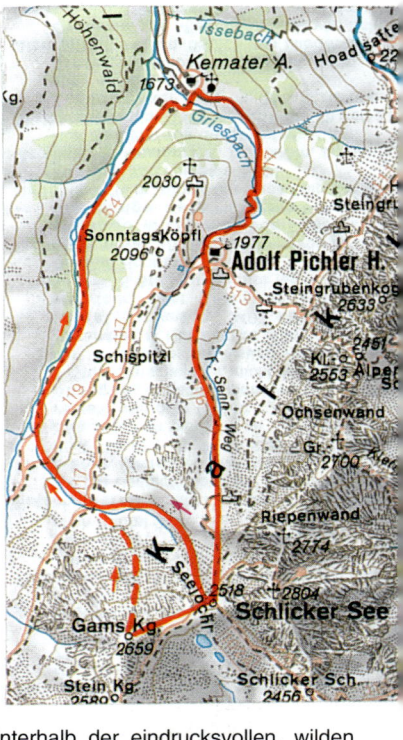

Doppelte Freude: Beschaulicher Landschaftsgenuß beim gemütlichen Aufstieg über das Seejöchl, Abfahrtsgenuß auf den steilen Hängen, die vom Gipfel ins Senderstal hinunterführen.
Von der **Kemater Alm** auf einem Fahrweg zur **Adolf-Pichler-Hütte**. Unterhalb der eindrucksvollen, wilden Felstürme der Kalkkögel wandert man in der Grundrichtung Süd durch sanft geneigtes Gelände, steigt dann kurzzeitig etwas steiler zu einem Rücken auf und steht nun vor dem heikelsten Teil des Anstieges, der Querung eines steilen Hanges zum **Seejöchl** (2518 m). Vom Joch über den breiten Rücken in leichtem Auf und Ab zum Gipfel. Prachtvoller Einblick in wichtige Teile der Stubaier Alpen, insbesondere in das Tourengebiet der Franz-Senn-Hütte!
Die **Abfahrt** auf dem Anstiegsweg ist leicht, aber etwas langweilig. Gute

Skifahrer fahren vom Seejöchl Richtung Nordwest durch herrliches, zumeist ziemlich steiles Skigelände in den Talboden des Sendersbaches ab – ROT. Rechts oberhalb des Baches geht es in langer Schräghangfahrt zur Kemater Alm hinaus. Bei sehr sicheren Schneeverhältnissen kann man unmittelbar vom Gipfel über die steile Nordflanke in die erwähnte Abfahrtsvariante einfahren – SCHWARZ. Die Abfahrtsvariante eignet sich auch für den Aufstieg (etwas kürzer), ist jedoch landschaftlich nicht so schön wie der Weg über die Adolf-Pichler-Hütte.

Kurz vor dem Gipfel des Gamskogels; hinter dem Vorgipfel des Seejöchls ragt die mächtige Schlicker Seespitze auf.

4 Schafleger, 2405 m – von Osten

Sowohl bei Pulver als auch bei Firn: Eine prachtvolle Skitour!

Kemater Alm – Talboden bei 1800 m – Schafleger

Talort: Grinzens, 928 m. 2 km von Axams, 10 km von der Autobahnabfahrt »Kematen/Sellrain«. Autobusverbindung von Innsbruck. Nähere Angaben S. 26.

Ausgangspunkt: Kemater Alm, 1673 m. Nähere Hinweise unter »Grinzens«, S. 26.

Höhenunterschied: 732 Hm.

Gehzeiten für den Aufstieg: Kemater Alm – Talboden bei 1800 m ½ Std., Talboden bei 1800 m – Schafleger 2 Std.; Gesamtzeit 2½ Std.

Anforderungen: An und für sich leichte Skitour, doch erfordern die teilweise steilen Hänge eine gute Felltechnik. Im Frühjahr sind häufig Harscheisen günstig.

Hangrichtung: Vorwiegend Ost.

Lawinengefährdung: Mitunter lawinengefährdet, insbesondere nach stärkeren Schneefällen mit Windverfrachtung.

Orientierung: An schönen Wochenenden zumeist begangen. Bei fehlender Spur ist es nicht ganz leicht, den »richtigen« Gipfel aus einer Reihe ähnlicher Kuppen herauszufinden.

Günstige Zeit: Dezember – April.

Variante: Bei entsprechendem »Andrang« auf dem Schafleger kann man den wesentlich seltener bestiegenen Angerbergkopf (2399 m), den nördlichen Nachbarn, zum Ziel wählen.

Die letzten Anstiegsmeter zum Schafleger führen über einen oft abgeblasenen Rücken.

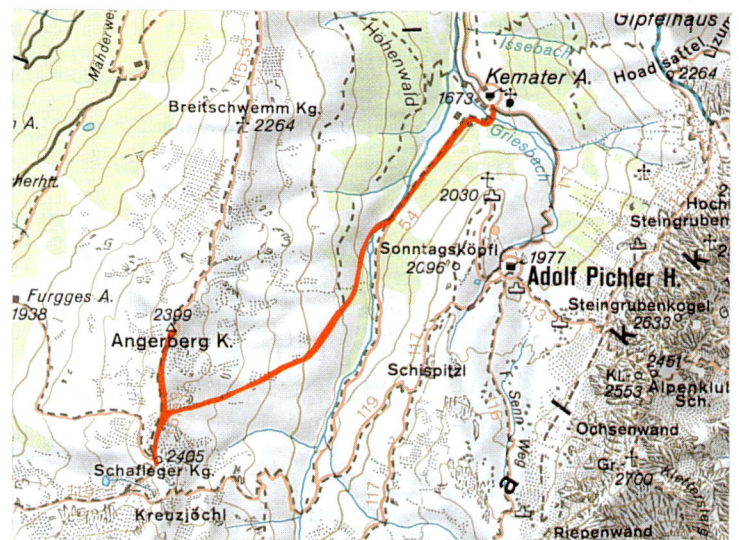

Schafleger – einmal anders! Der Schafleger wird aus dem Fotscher Tal häufig bestiegen. Von der Ostseite her, aus dem Senderstal, geht es dagegen recht gemütlich zu – ein paar Einheimische an einem Sonntag, das ist auch schon alles. Dabei ist diese Abfahrt zweifellos schöner, weil ihr der dichte Waldgürtel fehlt.

Bei der **Kemater Alm** gabelt sich das Tal. Von links mündet der Grießbach ein. Wir folgen dem rechten Ast, dem »richtigen« Senderstal. Von der Alm kurz in den **Talboden** hinunter und – je nach den Verhältnissen – auf dem Fahrweg im Hang oder im Talboden mit geringem Höhengewinn bis in eine Höhe von etwa 1800 m.

Hier zweigen wir nach rechts ab. Zuerst Richtung Südwest, dann Richtung West steigen wir zu einer Einsattelung zwischen dem Schafleger und dem Angerbergkopf auf. Über den Rücken erreicht man unschwierig den Gipfel. Die **Abfahrt** folgt dem Anstiegsweg.

Variante: Der Schafleger ist ein beliebtes Tourenziel. Wer unverspurte Hänge sucht, kehrt in die Einsattelung zurück und steigt in einigem Auf und Ab, bei günstigen Verhältnissen durchwegs mit Ski, zum benachbarten **Angerbergkopf** (2399 m) auf. Abfahrt über den Rücken in Richtung Nord, bis man nach rechts in eine schöne Skimulde einbiegen und in den Talboden abfahren kann.

5 Angerbergkopf, 2399 m

Beliebte Skitour für die ganze Familie – mit einem Waldgürtel als Schönheitsfehler

Alpengasthof Bergheim – Furggesalm – Angerbergkopf

Talort: Sellrain, 908 m. Nähere Angaben S. 26.

Ausgangspunkt: Alpengasthof Bergheim, 1464 m (Nächtigungsmöglichkeit, ☎ 0663/57377). Fahrweg dient als Rodelbahn, Fahrbeschränkungen ab »Eisbrücke«. Zu Fuß von hier 1 Std., von Sellrain 2 Std. Großer Parkplatz unterhalb des Bergheims.

Höhenunterschied: 935 Hm.

Gehzeiten für den Aufstieg: Alpengasthof Bergheim – Furggesalm 1½ Std., Furggesalm – Angerbergkopf 1½ Std.; Gesamtzeit 3 Std.

Anforderungen: Unschwierige, genußreiche Skitour, wenn man bei der Abfahrt den Waldgürtel vermeidet (Forststraße).

Hangrichtung: Aufstieg und Abfahrt vorwiegend Nordwest.

Lawinengefährdung: Bei vernünftiger Wahl der Aufstiegs- und Abfahrtsspur nur in extremen Situationen (z.B. starke Schneefälle mit Windverfrachtung) lawinengefährdet.

Orientierung: Der Anstieg zum benachbarten Schafleger wird überaus häufig begangen. Man kann gegebenenfalls den Spuren folgen und sie erst kurz unter dem Gipfel nach links verlassen. Bei fehlender Spur ist es in dem unübersichtlichen Gelände schwierig, den »richtigen« Gipfel unter vielen ähnlichen Kuppen herauszufinden.

Günstige Zeit: Dezember – April.

Variante: Ähnlichen Skigenuß verspricht der unwesentlich höhere Schafleger (2405 m) südl. unseres Gipfels. Siehe Tourenvorschlag 4.

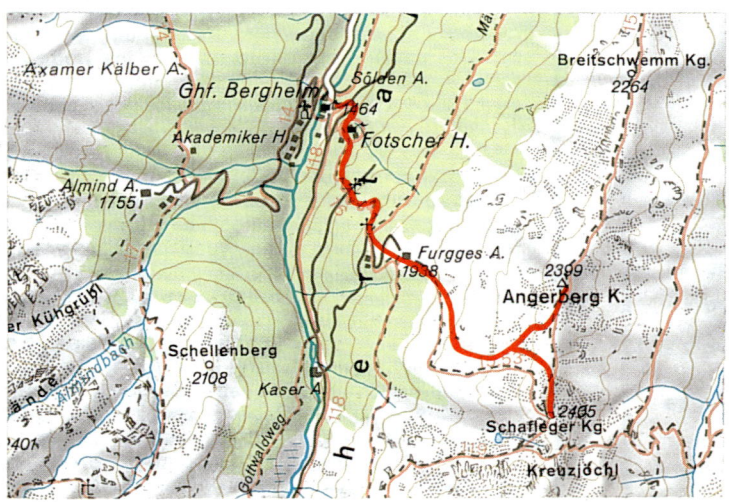

Geschafft: Auf dem Gipfel des Angerbergkopfes. Im Hintergrund dominieren die wilden Felsgestalten von Riepenwand und Schlicker Seespitze.

Wer zumindest auf dem Gipfel (fast) allein sein möchte, wählt den Angerbergkopf und nicht den vielbesuchten Schafleger zum Ziel.

Vom **Alpengasthof Bergheim** auf der Forststraße in Richtung Potsdamer Hütte bis zur Hinweistafel »Schafleger«. Hier zweigt man links ab und steigt ziemlich steil durch den Wald und über Schneisen auf. Bei etwa 1850 m erreicht man freies Almgelände und wenig später die **Furggesalm** (1938 m).

Über prachtvolles freies Skigelände geht es nun Richtung Südost bis unterhalb einer Einsattelung zwischen Angerbergkopf und Schafleger. Zum Schafleger führen Stangenmarkierungen, die bei schlechter Sicht und fehlender Spur sehr nützlich sein können. Die Anwärter auf den Schafleger (überwiegende Mehrheit) halten sich rechts, wir halten uns links und steigen über die mittelsteile Nordwestflanke zum Gipfel auf.

Die **Abfahrt** folgt dem Anstiegsweg. Schwächere Skifahrer können den Waldgürtel vermeiden: Unterhalb der Furggesalm kann man ab der Waldgrenze auf einer Forststraße taleinwärts (also nach links) abfahren. Die Forststraße mündet in den Fahrweg zur Potsdamer Hütte, dem man bis zum Parkplatz unterhalb des Bergheims folgt.

6 Fotscher Windegg, 2577 m

Mit Muskelkraft und nicht mit Aufstiegshilfen zu einem prachtvollen Skigipfel!

Alpengasthof Bergheim – Almindalm – Fotscher Windegg

Talort: Sellrain, 908 m. Siehe S. 26.
Ausgangspunkt: Alpengasthof Bergheim, 1464 m (Nächtigungsmöglichkeit, ☽ 0663/57377). Fahrweg dient als Rodelbahn, Fahrbeschränkungen ab »Eisbrücke«. Zu Fuß von hier 1 Std., von Sellrain 2 Std. Parkplatz unterhalb des Bergheims.
Höhenunterschied: 1113 Hm.
Gehzeiten für den Aufstieg: Alpengasthof Bergheim – Almindalm ½ Std., Almindalm – Fotscher Windegg 3 Std.; Gesamtzeit 3½ Std.
Anforderungen: Verhältnismäßig un-

schwierige Skitour, oberhalb der Waldgrenze jedoch teilweise recht steile Hänge.
Hangrichtung: Aufstieg und Abfahrt vorwiegend Ost.
Lawinengefährdung: Mitunter lawinengefährdet, insbesondere nach stärkeren Schneefällen mit Windverfrachtung.
Orientierung: Das Fotscher Windegg ist (mit Recht) eine der beliebtesten Skitouren im Sellraintal. Es wird an schönen Wochenenden mit Sicherheit von vielen Tourengehern aufgesucht. Bei fehlender Spur ist die Orientierung oberhalb der Waldgrenze verhältnismäßig schwierig.

Der prachtvolle Skiberg sollte im Rahmen eines neuen Liftgebietes »Seigesalm« durch einen Sessellift bis dicht unter den Gipfel erschlossen werden. Dieses Projekt ist – zum Glück für die Tourengeher – gefallen.
Zum Glück deshalb, weil es sich beim Fotscher Windegg nicht um irgendeinen Skigipfel handelt, sondern um einen der schönsten im ganzen Sellraintal. Nach einem kurzen Aufstieg auf einer Forststraße, der sozusagen dem Aufwärmen und Eingehen dient, reiht sich ein Prachthang an den anderen. Unmittelbar vor dem Parkplatz führt eine Brücke über den Fotscher Bach. Weiter geht es auf einer Forststraße gemütlich zur **Almindalm** (1755 m).

Über diese prachtvollen Osthänge führt die Abfahrt vom Fotscher Windegg zum Alpengasthof Bergheim.

Diese Straße muß auch bei der Abfahrt benützt werden, weil die früher übliche Abfahrtsschneise aufgeforstet wird. Von der Alm benützt man am besten weiterhin den Fahrweg, bis er erstmals freie Hänge erreicht. Hier verläßt man ihn nach links und steigt Richtung Nordwest, später Richtung West zu einer Einsattelung nördl. des Gipfels auf. Über den Nordrücken kann man bei günstigen Verhältnissen mit Ski bis zum Gipfelkreuz aufsteigen.

Die **Abfahrt** folgt dem Anstiegsweg. Bei ganz sicheren Schneeverhältnissen kann man – wesentlich steiler – unmittelbar vom Gipfel Richtung Ost abfahren, bis man auf die Anstiegsspur trifft. – Eine noch steilere Abfahrtsvariante führt von einer Kuppe in der Mitte des Verbindungsgrates zwischen Windegg und Hühhereggen unmittelbar über die im oberen Teil ungewöhnlich steile Flanke zur Almindalm hinunter – nur für gute Skibergsteiger bei günstigen Verhältnissen: SCHWARZ.

7 Potsdamer Hütte, 2012 m

Gemütlicher Stützpunkt mit reicher Tourenauswahl

Alpengasthof Bergheim – Kaseralm – Seealm – Potsdamer Hütte

Talort: Sellrain, 908 m. Nähere Angaben S. 26.

Ausgangspunkt: Alpengasthof Bergheim, 1464 m (Nächtigungsmöglichkeit, ☎ 0663/57377). Der Fahrweg dient als Rodelbahn, daher gibt es Fahrbeschränkungen ab »Eisbrücke«. Zu Fuß von hier zum Alpengasthof Bergheim 1 Std., von Sellrain 2 Std. Großer Parkplatz unterhalb des Bergheims.

Höhenunterschied: 548 Hm.

Gehzeiten für den Aufstieg: Alpengasthof Bergheim – Kaseralm 1 Std., Kaseralm – Seealm ¾ Std., Seealm – Potsdamer Hütte ¼ Std.; Gesamtzeit 2 Std.

Anforderungen: Leichte Hüttenwanderung auf zunächst breitem, dann schmälerem Fahrweg.

Hangrichtung: Vorwiegend Nord.

Lawinengefährdung: Nach starken Schneefällen von den steilen Nordwestflanken her gefährdet. Im Zweifelsfalle vom Bergheim Fotsch aus den Hüttenwirt anrufen!

Orientierung: Problemlos, da in der Regel vom Hüttenwirt mit Raupenfahrzeug gespurt. An schönen Wochenenden während der Öffnungszeit der Hütte mit Sicherheit begangen.

Günstige Zeit: Februar – April.

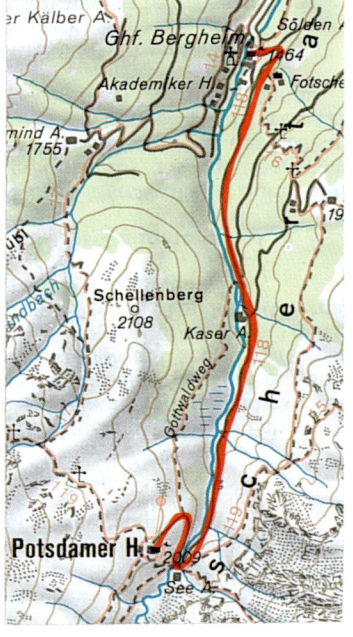

Die Potsdamer Hütte gehört der Sektion Potsdam-Dinkelsbühl des DAV. Sie liegt auf einem Osthang oberhalb der Seealm. 18 Betten, 32 Lager. Anschrift: A-6282 Sellrain, ☎ 05238/2060. Sie wird zumeist ab Mitte Februar bewirtschaftet. Als Tourenmöglichkeiten bietet sie sowohl mittelschwierige Genußtouren, wie Wildkopf, Roter Kogel, Schafleger u.a., als auch äußerst schwierige Anstiege (z.B. Hohe Villerspitze, Lisenser Villerspitze).

Der Aufstieg kann nicht verfehlt werden. Vom Parkplatz unterhalb des **Alpengasthofes Bergheim** (1464 m) wandert man auf einer breiten Forststraße zur **Kaseralm** (1684 m) und weiter talein zur **Seealm** (1917 m). Nach rechts ausholend, erreichen wir in einem großen Bogen die Hütte. Der Hüttenwirt spurt den Anstieg mit seinem »Schneewiesel«. Dazu kommen an schönen Wochenenden zahlreiche Abfahrtsspuren und sogar Fußspuren der Rodler.

Die **Abfahrt** folgt dem Anstiegsweg. Wer sich diese etwas langweilige Abfahrt ersparen möchte, kann am letzten Tag eines Hüttenaufenthalts z.B. den Roten Kogel (Tourenvorschlag 10) oder den Schafleger (Tourenvorschlag 12) besteigen und in die Fotsch abfahren.

Das prachtvolle Tourengebiet der Potsdamer Hütte im Fotscher Tal. Die Hütte liegt etwas oberhalb des Talbodens, leicht rechts der Bildmitte.

8 Wildkopf, 2719 m

»Paradegipfel« der Potsdamer Hütte – ein Traum im Pulverschnee!

Potsdamer Hütte – Wildkopf

Talort: Sellrain, 908 m. Nähere Angaben S. 26.
Ausgangspunkt: Potsdamer Hütte, 2012 m. Siehe Tourenvorschlag 7.
Höhenunterschied: 707 Hm; kurzer Gegenanstieg aus dem Talboden zur Hütte.
Gehzeiten für den Aufstieg: Potsdamer Hütte – Talboden 1 Std., Talboden – Wildkopf 2 Std.; Gesamtzeit 3 Std.
Anforderungen: Mittelschwerer Aufstieg bis zum Skidepot, teilweise steile Hänge. Zum Gipfel unschwierig zu Fuß, jedoch Trittsicherheit erforderlich.
Hangrichtung: Aufstieg und Abfahrt vorwiegend Nord und Nordwest.
Lawinengefährdung: Mitunter lawinengefährdet, insbesondere nach stärkeren Schneefällen mit Schneeverfrachtung durch Wind.
Orientierung: An schönen Wochenenden zwar nicht überlaufen, doch mit großer Wahrscheinlichkeit begangen. Bei fehlender Spur Orientierung nicht ganz einfach. Man muß die »richtige Mulde« erwischen.
Günstige Zeit: Februar – Mai.

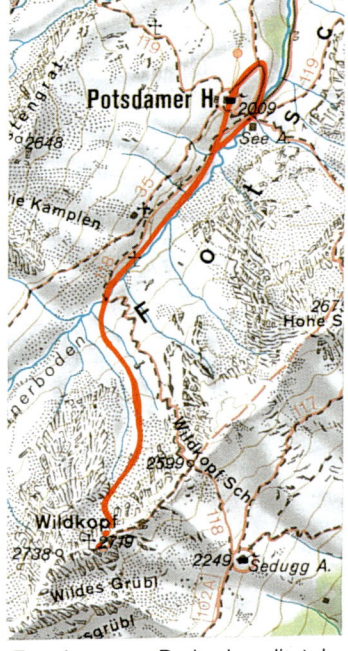

Der Wildkopf ist bei einheimischen Tourengehern, vor allem bei den Innsbruckern, sehr beliebt. Sie gehen ihn allerdings als Tagestour vom Parkplatz unterhalb des Bergheims Fotsch aus an. Dadurch verliert der schöne Skigipfel ein wenig an Glanz – der Anstieg wird stark verlängert und die Abfahrt ist im unteren Teil (Rodelbahn) langweilig. Die Hüttennächtigung lohnt!
Von der **Potsdamer Hütte** fährt man am besten zur Seealm ab. Bei ganz sicheren Schneeverhältnissen kann man sich allerdings den kleinen Umweg und einige Höhenmeter sparen. Man quert unmittelbar von der Hütte leicht abfahrend ins Tal hinein. Fast eine halbe Stunde geht es nahezu ohne Höhengewinn talein – das nachfolgende Skivergnügen will verdient sein. In einer Höhe von etwa 2000 m verläßt man das Tal und steigt über herrliche mittelsteile Hänge in flacheres, muldiges Gelände auf (etwa 2300 m).

Der Anstieg zum Wildkopf (etwas links der Bildmitte) ist hier gut einzusehen. Rechts dahinter bietet die markante Einsattelung des Schaldersjöchls ein weiteres lohnendes Skitourenziel von der Potsdamer Hütte aus (im Mittelgrund rechts auf der Anhöhe gelegen).

Richtung Süd quert man in eine schöne Mulde ein, die sich jedoch bald aufsteilt. Sie führt in eine Einsattelung. Die nun folgende steile Rinne wird zumeist bereits zu Fuß zurückgelegt. Sie führt auf den »Skigipfel« (2720 m), mit dem sich viele Tourengeher zufriedengeben. Ehrgeizige Gipfelstürmer erreichen den höchsten Punkt über den blockigen Grat – bei günstigen Verhältnissen ohne besondere Schwierigkeiten – in knappen zehn Minuten. Bereits vom »Skigipfel« hat man einen großartigen Einblick in weite Teile der Stubaier Alpen, insbesondere in das Tourengebiet der Franz-Senn-Hütte! Die **Abfahrt** folgt dem Anstiegsweg. Die schattigen und windgeschützten Mulden versprechen auch nach langen Schneefallpausen großartigen Pulverschnee. Im Tal fährt man am besten bis zur Seealm hinaus und steigt über den bequemen Fahrweg zur Hütte auf.

9 Kastengrat, 2648 m

Kurze Skitour auf den »Hüttengipfel«

Potsdamer Hütte – Kastengrat

Talort: Sellrain, 908 m. Nähere Angaben S. 26.
Ausgangspunkt: Potsdamer Hütte, 2012 m. Siehe Route Nr. 7.
Höhenunterschied: 636 Hm.
Gehzeit für den Aufstieg: 2 Std.
Anforderungen: Unschwieriger Aufstieg über teilweise ziemlich steile Hänge.
Hangrichtung: Aufstieg und Abfahrt vorwiegend Nordost und Ost.
Lawinengefährdung: Von Hüttengästen viel befahren und daher weniger gefährdet als der Steilheit entspricht. Dennoch ist Vorsicht geboten, vor allem nach stärkeren Schneefällen mit Windverfrachtung!
Orientierung: Von Hüttengästen zumeist begangen. Auch bei fehlender Spur

verhältnismäßig einfach zu finden.
Günstige Zeit: Februar – April.

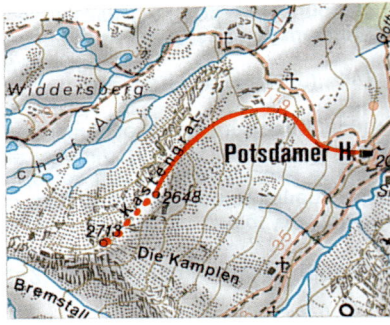

Der Kastengrat ist der Bergrücken unmittelbar über der Hütte. Er trennt das Fotscher Tal von dem weiten Becken der Schafalm, aus dem Anstiege auf eine Reihe von Skigipfeln führen (z.B. Roter Kogel, Auf den Sömen). Aus diesem Grunde bietet die kurze Skitour, die zumeist noch am Ankunftstag auf der Hütte unternommen werden kann, einen prächtigen Einblick in die Tourenmöglichkeiten der Potsdamer Hütte. Die höchste Erhebung des Höhenrückens liegt ziemlich weit hinten am Grat (2713 m). Wir begnügen uns mit einer geringfügig niedrigeren Erhebung in der Mitte des Grates (2648 m). Diese unbedeutende Kuppe bietet übrigens nicht nur den bereits erwähnten Überblick, sondern auch eine wunderschöne Abfahrt.
Von der **Hütte** steigt man Richtung West über den prachtvollen Hang auf. Achtung: Die meist stärker ausgetretenen Anstiegsspuren im rechten Teil des Hanges führen zum Roten Kogel. Wir halten uns weiter links und steigen bis in eine Höhe von etwa 2300 m auf. Hier folgt nach einer ordentlichen Steilstufe eine deutliche Hangverflachung. Durch dieses kurzfristig sanfte Gelände steigen wir auf, halten uns dann etwas stärker links (Richtung Südwest) und erreichen – in wieder zunehmender Steilheit – unmittelbar den Gipfel. Der allerletzte Teil des Aufstiegs ist häufig abgeblasen und muß dann zu Fuß zurückgelegt werden. Besonders Ehrgeizige können ohne sonderliche Schwierigkeiten über den unschwierigen, aber etwas mühsam begehbaren Grat zum höchsten Punkt des **Kastengrates** (P. 2713) weitersteigen: eine halbe Stunde bei günstigen Verhältnissen.

Die **Abfahrt** folgt dem Anstiegsweg. Das weitläufige Gelände gestattet zahlreiche individuelle Varianten.

Der Kastengrat von der gegenüberliegenden Talseite. Der Anstieg führt über prachtvolle, hindernislose Hänge und ist gut einzusehen.

10 Roter Kogel, 2832 m

Auf den angeblich »schönsten Skigipfel Tirols«

Potsdamer Hütte – Wegtafel am Ansatz des Kastengrates – Schafalm – Roter Kogel

Talort: Sellrain, 908 m. Siehe S. 26.
Ausgangspunkt: Potsdamer Hütte, 2012 m. Siehe Route Nr. 7.
Höhenunterschied: 820 Hm. Zusätzlich kleine Gegenanstiege.
Gehzeiten für den Aufstieg: Potsdamer Hütte – Wegtafel am Ansatz des Kastengrates 1 Std., Wegtafel – Schafalm ½ Std., Schafalm – Roter Kogel 1½ Std.; Gesamtzeit 3 Std.
Anforderungen: Keine besonderen Schwierigkeiten, lediglich der Gipfelhang kann etwas heikel sein.
Hangrichtung: Vorwiegend Nordost, Ost.
Lawinengefährdung: Bei vernünftiger Wahl der Aufstiegs- und Abfahrtsspur kaum lawinengefährdet.
Orientierung: Von Hüttengästen, aber auch vom Tal aus (über die Almindalm) häufig begangen. Bei fehlender Spur Orientierung ziemlich schwierig.
Günstige Zeit: Februar – April.

Der Rote Kogel wurde früher als »schönste Skitour Tirols« bezeichnet. Die Abfahrt ist jedoch teilweise ziemlich flach. Die Auszeichnung dürfte eher bei der Skitechnik und Ausrüstung unserer Großväter berechtigt gewesen sein. Ein schöner Gipfel ist der Rote Kogel jedoch heute noch. Er lohnt jedenfalls einen Besuch.

Von der **Potsdamer Hütte** Richtung Nordwest über den »Hüttenhang«. Ab einer Höhe von etwa 2200 m wird es ziemlich flach und man steigt geruhsam zum Ansatz des Kastengrates hinüber. Bei einer **Wegtafel** biegt man links ein und erreicht mit etwas Höhenverlust, dann über hügeliges Gelände

Die Potsdamer Hütte präsentiert sich als gemütlicher Stützpunkt für viele lohnende Touren, unter ihnen ist auch der schöne Anstieg auf den Roten Kogel.

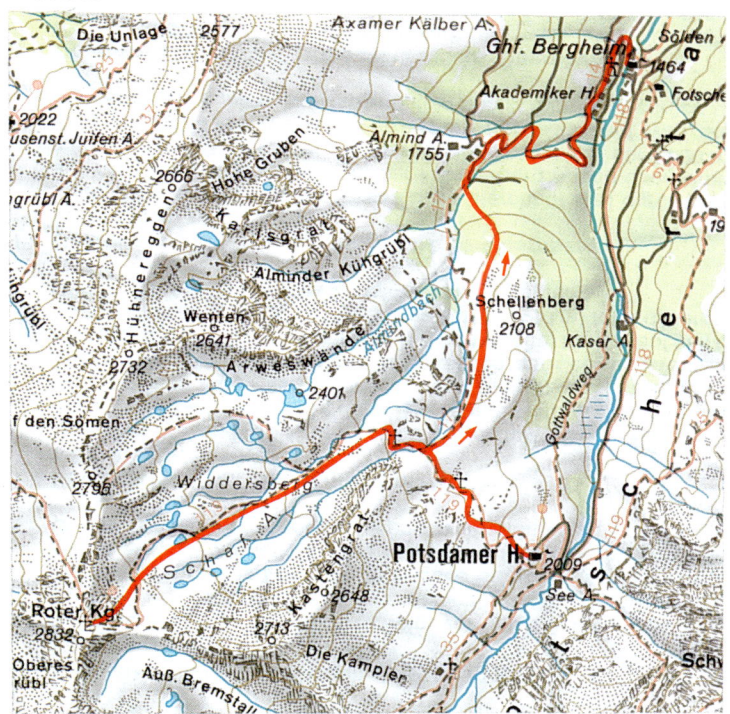

wieder ansteigend, das weite Becken der **Schafalm**. Durch dieses Becken, wieder ein »unruhiges« Gelände, wandert man auf den Gipfelaufbau zu. Erst allmählich wird der Aufstieg wieder steiler. Richtig steil ist jedoch nur der eigentliche Gipfelhang. Bei günstigen Verhältnissen erreicht man das Gipfelkreuz mit Ski. Oft ist der Gipfel jedoch arg abgeblasen. Dann quert man am besten nach links zum Ostgrat hinaus, errichtet das Skidepot und steigt zu Fuß zum höchsten Punkt.

Die **Abfahrt** folgt dem Anstiegsweg.

Am letzten Tag eines Hüttenaufenthaltes kehrt man am besten nicht zur Hütte zurück, sondern fährt von der erwähnten Wegtafel durch ein hübsches Tälchen zur Almindalm ab. Hier erreicht man einen Fahrweg, dem man bis zum Alpengasthof Bergheim folgt. Das ist übrigens jene Abfahrt, die dem Roten Kogel den Titel »schönste Skitour Tirols« eingebracht hat.

11 Hühnereggen, 2732 m

Mittelschwere Skitour mit schwieriger Abfahrtsvariante

Potsdamer Hütte – P. 2401 (Seelein) – Hühnereggen

Talort: Sellrain, 908 m. Nähere Angaben siehe S. 26.
Ausgangspunkt: Potsdamer Hütte, 2012 m. Siehe Route Nr. 7.
Höhenunterschied: 720 Hm. Kleiner Gegenanstieg.
Gehzeiten für den Aufstieg: Potsdamer Hütte – P. 2401 (Seelein unterhalb der Arweswände) 1¼ Std., P. 2401 – Hühnereggen 1¼ Std.; Gesamtzeit 2½ Std.
Anforderungen: Teilweise steil, doch keine besonderen Schwierigkeiten. Ab-

fahrtsvarianten anspruchsvoll!
Hangrichtung: Aufstieg Ost, Abfahrtsvarianten Nordost und Nord.
Lawinengefährdung: Bei vernünftiger Anlage der Aufstiegs- und Abfahrtsspur auf dem Normalanstieg kaum lawinengefährdet. Abfahrtsvarianten heikel!
Orientierung: Bei guter Hüttenbelegung zumeist gespurt. Wenn keine Spur vorhanden, Orientierung auch bei guter Sicht ziemlich schwierig.
Günstige Zeit: Februar – April.

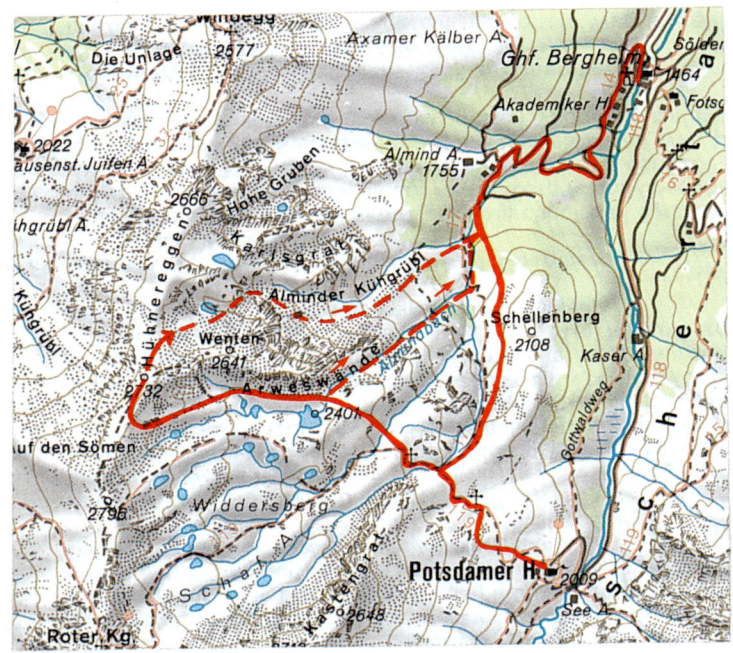

Auf dem Anstieg zum Hühnereggen.

Der **Hühnereggen** ist ein langer Kamm mit zwei kotierten Endpunkten, dem schwierigeren Nordgipfel (2666 m) und dem auf dem Normalanstieg leichten Südgipfel (2732 m), unserem Ziel.

Von der **Potsdamer Hütte** steigt man Richtung Nordwest erst in mittlerer Steilheit, dann ziemlich flach zum Ansatz des Kastengrates auf. Hier hält man sich von Anfang an stärker rechts als zum Roten Kogel, auf die Arweswände – vorgelagert ein deutlich erkennbares **Seelein** (2401 m) – zu.

Richtung Südwest geht man diese Wände entlang, bis es in einer Höhe von etwa 2700 m möglich wird, zum höchsten Punkt, einer sanften Kuppe, aufzusteigen.

Die **Abfahrt** folgt dem Anstiegsweg. Zum Alpengasthof Bergheim kann man auf verschiedene Weise abfahren:

a) Auf dem Anstiegsweg zurück bis zum Ansatz des Kastengrates, durch eine schöne Mulde zur Almindalm (bleibt links oberhalb, wird nicht berührt) und auf der Forststraße zum Parkplatz unterhalb des Gasthofs.

b) Auf dem Anstiegsweg zurück bis zum Seelein (2401 m). Der Abfluß des Seeleins ist der Almindbach, in dessen engem und steilem Tälchen die Abfahrt verläuft, bis man auf die Route a) stößt. Erheblich schwieriger – SCHWARZ!

c) Vom Gipfel des Hühnereggen Richtung Nordost ins Alminder Kühgrübl und weiter, bis man auf die bei a) beschriebene Abfahrt stößt. Teilweise sehr steil und felsdurchsetzt. Schwierig – SCHWARZ!

12 Schafleger, 2405 m – von Westen

Reizvoller Ersatz für die etwas langweilige Hüttenabfahrt

Potsdamer Hütte – Kaseralm – Furggesalm – Schafleger

Talort: Sellrain, 908 m. Nähere Angaben siehe S. 26.
Ausgangspunkt: Potsdamer Hütte, 2012 m. Siehe Route Nr. 7.
Höhenunterschied: Etwa 670 Hm im Anstieg; etwa 1240 Hm in der Abfahrt.
Gehzeiten für den Aufstieg: Kaseralm – Furggesalm 1 Std., Furggesalm – Schafleger 1½ Std.; Gesamtzeit 2½ Std.
Anforderungen: Gipfelanstieg leicht, Abfahrt im unteren Teil (Waldgürtel) für schwächere Skiläufer unangenehm. Ausweichmöglichkeit über Forststraße.
Hangrichtung: Aufstieg West, Abfahrt Nordwest.
Lawinengefährdung: Bei vernünftiger Anlage der Aufstiegs- und Abfahrtsspur sehr geringe Lawinengefährdung.
Orientierung: Viel begangener Anstieg, bei fehlender Spur Orientierung durch Stangenmarkierung (spärlich) erleichtert.
Günstige Zeit: Dezember – April.

Die normale Abfahrt von der Potsdamer Hütte zum Parkplatz unterhalb des Alpengasthofs Bergheim ist langweilig – eine Forststraße, die noch dazu als Rodelbahn dient! Es empfiehlt sich, sie mit einer kurzen Gipfeltour zu verbinden. Dafür bietet sich außer dem Roten Kogel oder dem Hühnereggen als kürzeste Möglichkeit der Schafleger an.

Über diesen Rücken führt der letzte Teil des Anstieges zum Schafleger.
Im Mittelgrund die herrlichen Osthänge des Fotscher Windeggs.

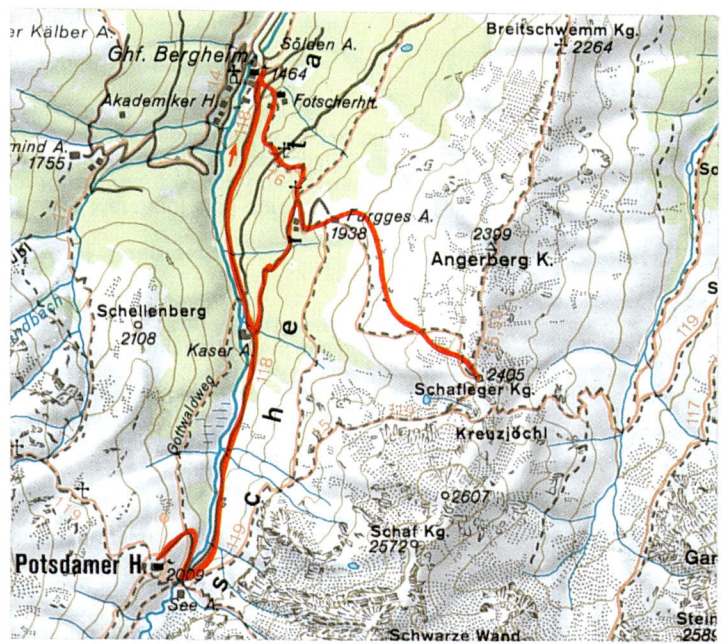

Von der **Potsdamer Hütte** Abfahrt zur Seealm (1917 m) und bis zur Abzweigung einer breiten Forststraße bei der **Kaseralm** (1684 m). Diese Forststraße zweigt bereits vor der Kaseralm nach rechts ab. Sie führt sehr bequem zur Waldgrenze und weiter zur **Furggesalm** (1938 m). Von der Furggesalm Richtung Ost, bis sich eine günstige Möglichkeit bietet, nach rechts abzuzweigen, eine Mulde zu queren und in der Grundrichtung Südost zu einer kleinen Einsattelung nördl. des **Schaflegers** aufzusteigen. Von hier unschwierig in wenigen Minuten zum höchsten Punkt. Prachtvoller Nahblick auf die Felsklötze der Kalkkögel.

Die **Abfahrt** folgt bis zur Furggesalm dem Anstiegsweg. Nun geht es Richtung Nordwest weiter, teils über Lichtungen, teils auf einem Waldweg. Man stößt auf die »Fotscher Skihütte« (privat) und erreicht wenig später den Alpengasthof Bergheim.

Schwächeren Skifahrern ist zu empfehlen, von der Furggesalm auf dem Forstweg bis zur Abzweigung abzufahren und dann dem Hüttenanstieg zu folgen – langweiliger, aber bequemer.

13 Auf den Sömen, 2796 m

Auf einen wenig bekannten Gipfel – über eine wenig begangene Route

Parkplatz – Aflinger Alm – Auf den Sömen

Talort: Gries im Sellrain, 1187 m. 16 km von der Ausfahrt »Kematen/Sellrain« der Inntal-Autobahn. Nähere Angaben S. 26.

Ausgangspunkt: Von Sellrain ins Lisenser Tal. Durch den Ortsteil Juifenau und an der Abzweigung nach Praxmar vorbei bis zu einem kleinen Parkplatz rechts von der Straße. 7 km von Gries, etwa 1 km nach der Abzweigung nach Praxmar. Wegtafel »Roter Kogel«. Etwa 1600 m.

Höhenunterschied: 1196 Hm.

Gehzeiten für den Aufstieg: Parkplatz – Aflinger Alm ¾ Std., Aflinger Alm – Auf den Sömen 2¾ Std.; Gesamtzeit 3½ Std.

Anforderungen: Mittelschwere Skitour, in den Steilstufen gute Felltechnik nötig.

Hangrichtung: Vorwiegend West.

Lawinengefährdung: Mitunter lawinengefährdet, insbesondere nach stärkeren Schneefällen mit Windverfrachtung.

Orientierung: An schönen Wochenenden im allgemeinen begangen, soweit der Anstieg mit dem zum Roten Kogel übereinstimmt (bis etwa 2400 m). Bei fehlender Spur nicht ganz leicht zu finden – Gipfel wenig charakteristisch.

Günstige Zeit: Januar – April. Bei geringer Schneelage nicht zu empfehlen.

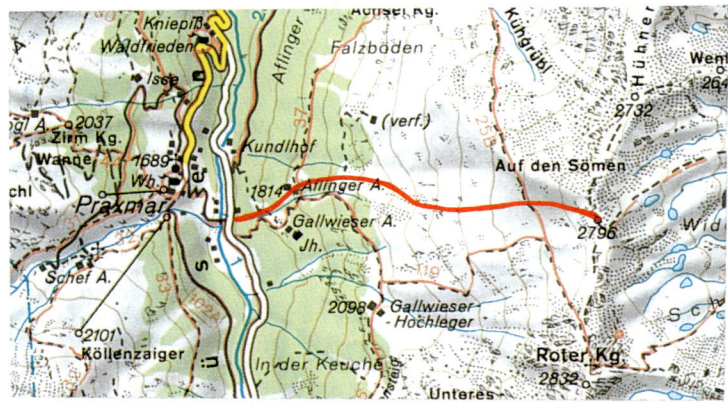

Unser Anstieg führt über prachtvolle, häufig aber verblasene Westhänge. Das Ausmaß des Skigenusses hängt daher auch ein wenig vom Glück ab. Vom **Parkplatz**, der auch den Langläufern dient (schöne Loipe im Lisenser Tal), folgen wir nicht dem Schild »Roter Kogel« gleich gegenüber der Straße. Hier handelt es sich um den Fußweg, der mit Ski mühsam zu begehen ist. Bequemer: Ein kurzes Stück auf der Straße talaus bis zu einer Tafel »Roter Kogel – Winterweg«.

54

Die Westflanken des Roten Kogels und der unbedeutenden Kuppe Auf den Sömen sind vom Schnee her häufig weniger attraktiv als die Ostflanken, dafür aber wesentlich weniger überlaufen.

Durch lichten Wald und über gut befahrbare Schneisen steigen wir in der Grundrichtung Nordost zur **Aflinger Alm** (1816 m) auf. Schöner Blick auf die berühmten Skigipfel des Lisenser Tales – Zischgeles und Lampsenspitze. Besonders eindrucksvoll ist der Talschluß mit dem Lisenser Fernerkogel, der Erinnerungen an die Westalpen weckt.

Von der Alm gewinnen wir Richtung Ost zunehmend an Höhe. Mitunter wird es ziemlich steil und heikel – felsdurchsetzte Steilhänge, die »Rinnen«. In einer Höhe von etwa 2400 m schwenkt die Hauptspur Richtung Südost ein und hält auf den häufiger bestiegenen Roten Kogel zu. Wir verlassen sie und steigen Richtung Ost in mittelsteilem Gelände geradewegs zu unserem Gipfel auf. Die **Abfahrt** folgt dem Anstiegsweg.

14 Zischgeles, 3004 m

Dreitausender mit prachtvoller Abfahrt – dementsprechend gut besucht

Praxmar – Talschluß – Zischgeles

Talort: Gries im Sellrain, 1187 m. 16 km von der Ausfahrt »Kematen/Sellrain« der Inntal-Autobahn. Nähere Angaben S. 26.
Ausgangspunkt: Ortsteil Praxmar, 1695 m. 6 km von Gries im Sellrain. Straße durch das Lisenser Tal, Abzweigung nach rechts, über eine Steilstufe in sechs Kehren. Nächtigungsmöglichkeit: Alpengasthof A-6162 Praxmar, ☎ 05236/212.
Höhenunterschied: 1309 Hm.
Gehzeiten für den Aufstieg: Praxmar – Talschluß 2 Std., Talschluß – Zischgeles 2 Std.; Gesamtzeit 4 Std.

Anforderungen: Steilhang von beachtlicher Länge. Auf den Gipfel zumeist zu Fuß über unschwierige Blöcke.
Lawinengefährdung: Mitunter lawinengefährdet, insbesondere nach Schneefällen mit Windverfrachtung.
Hangrichtung: Nord und Nordost.
Orientierung: Einer der beliebtesten Anstiege in den gesamten Stubaier Alpen, daher in der Regel sogar wochentags begangen. Auch bei fehlender Spur Orientierung verhältnismäßig einfach.
Günstige Zeit: Januar – Mai.

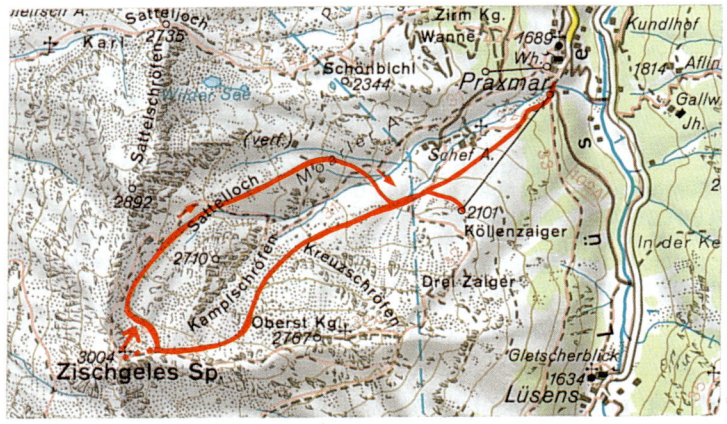

Der Zischgeles, vor Jahren in einer Alpinzeitschrift noch als »einsame Skitour« vorgestellt, ist heute einer der meistbesuchten Skigipfel des Sellraintales. Die Beliebtheit hat gute Gründe!
Vom großen Parkplatz unterhalb des Schlepplifts »Hausberg« steigt man links von einem tief eingeschnittenen Bachbett auf einem allmählich immer deutlicher ausgeprägten Rücken bis in eine Höhe von 2000 m auf. Hier zweigt man in eine weite Mulde ein, die man bis zum **Talschluß** verfolgt. Durch das »Kamplloch« geht es über einen riesigen Steilhang anstrengend,

Der Zischgeles bietet zwei Aufstiegs- und Abfahrtsmöglichkeiten, die – hier gut einsehbar – durch den felsigen Kamm voneinander getrennt werden.

aber mit gutem Höhengewinn weiter. **Skidepot** bei etwa 2900 m. Über unschwierige Blöcke des Ostrückens auf den Gipfel.

Die **Abfahrt** folgt dem Anstiegsweg. Bei günstigen Verhältnissen kann man die Ski auf den Gipfel mitnehmen und über die steile und felsdurchsetzte Nordflanke abfahren. Ist der großartige Steilhang schon stark verspurt, wählt man die weniger häufig befahrene Route durch das »**Sattelloch**«. Man hält sich dazu vom Skidepot an links (Richtung Nord), bis man nach einigen sperrenden Felsen Richtung Nordost ins Sattelloch einfahren kann. Nach den Felsen des Kampelschrofen, etwa in einer Höhe von 2350 m, kommt man über einen steilen Osthang wieder zur Anstiegsspur zurück.

Anmerkung: Der »Hausberglift« ist bis Ostern in Betrieb, anschließend meist noch an den Wochenenden. Er erspart eine Anstiegsstunde. Von der Bergstation quert man, anfangs etwas heikel, zum beschriebenen Anstieg.

15 Lampsenspitze, 2876 m

Idealer Skigipfel mit großartiger Aussicht

Praxmar – Schönbichl – Satteljoch – Lampsenspitze

Talort: Gries im Sellrain, 1187 m. 16 km von der Ausfahrt »Kematen/Sellrain« der Inntal-Autobahn. Nähere Angaben S. 26.
Ausgangspunkt: Ortsteil Praxmar, 1695 m. 6 km von Gries im Sellrain. Straße durch das Lisenser Tal gut ausgebaut. Abzweigung zum Weiler Praxmar 5 km von Gries nach rechts, über eine Steilstufe in sechs Kehren. Nächtigungsmöglichkeit: Alpengasthof A-6162 Praxmar, ☎ 05236/212.
Höhenunterschied: 1181 Hm.
Gehzeiten für den Aufstieg: Praxmar – Schönbichl 2 Std., Schönbichl – Satteljoch 1 Std., Satteljoch – Lampsenspitze ½ Std.; Gesamtzeit 3½ Std.
Anforderungen: Mittelschwere Skitour. Auch der Gipfelanstieg, der zumeist zu Fuß zurückgelegt wird, bietet keine besonderen Schwierigkeiten. Bei Hart-schnee sind Harscheisen angenehm.
Hangrichtung: Aufstieg und Abfahrt vorwiegend Ost.
Lawinengefährdung: Bei vernünftiger Wahl der Aufstiegs- bzw. Abfahrtsspur ist die Lawinengefährdung verhältnismäßig gering. Spät im Jahr ist frühzeitiger Aufbruch günstig, um Naßschneerutschen zu entgehen – Ostlage, frühzeitige Aufweichung der Schneedecke.
Orientierung: Einer der beliebtesten Anstiege, selbst an Wochentagen sind in der Regel Tourengeher unterwegs. Auch bei fehlender Spur ist der Aufstieg verhältnismäßig leicht zu finden.
Günstige Zeit: Dezember – April.
Variante: Die Abfahrt muß nicht auf der Anstiegsspur erfolgen, es gibt zahlreiche Möglichkeiten (durchwegs nördlich von der »Normalabfahrt«).

Beinahe wäre dieser prachtvolle Gipfel durch einen Sessellift »erschlossen« worden. Das Projekt wurde auf Grund von Protesten von Tourengehern und Naturschützern aufgegeben.
Vom Parkplatz in **Praxmar** zu einem kleinen Schlepplift (»Sonnenlift«), dessen Benützung allerdings nur eine Viertelstunde Aufstieg erspart. Richtung

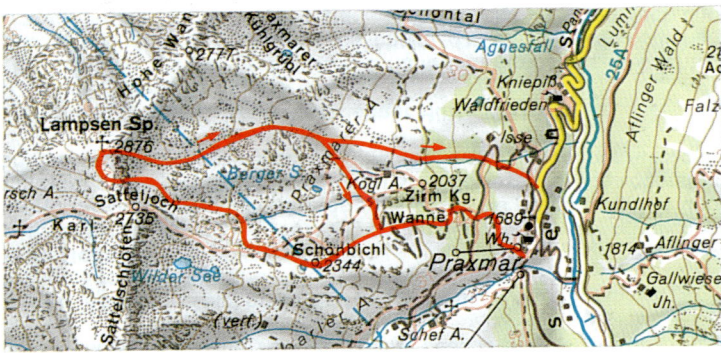

Auf dem Gipfel der Lampsenspitze. Im Hintergrund ragt die prächtige Lisenser Villerspitze empor.

Nordwest über die sanften Wiesen und ab 1800 m etwas steiler durch lichten Wald. Nun geht es in wechselnder Steilheit durch schöne Mulden und über Kuppen zum **Schönbichl** (2348 m). Das Gelände bleibt weiterhin ungemein skifreundlich bis zum **Satteljoch** (2734 m). Bereits etwas unterhalb des Jochs hält man sich rechts und kommt bis etwa 2780 m an den felsigen Vorbau der Lampsenspitze heran. **Skidepot**. Vom Skidepot unschwierig in Stapfspuren zum Gipfel. Geübte Fellgeher können nach links in die Südwest-flanke queren und mit Ski bis zum Gipfelkreuz aufsteigen. Die Aussicht von diesem verhältnismäßig hohen Gipfel ist großartig. Im Norden sehen wir die Kalkberge des Karwendels, der Mieminger Berge und der Lechtaler Alpen. Nach allen anderen Himmelsrichtungen blicken wir in die Stubaier Alpen. Das Tourengebiet der Pforzheimer Hütte haben wir so deutlich vor uns, daß wir nahezu jeden Anstieg nachvollziehen können.

Die **Abfahrt** folgt dem Anstiegsweg.

Dem Wochenendwirbel können gute Skifahrer entgehen, indem sie unmittel-bar vom Gipfel in die anfangs sehr steile Ostflanke einfahren. Etwas weiter nördl. als unser Aufstieg und meist unverspurt fährt man über herrliche Hänge. In einer Höhe von 2200 m besteht die Möglichkeit, nach rechts zur Standardabfahrt zu queren. Man kann aber auch links vom Zirmkogel (2037 m) bleiben, bis man auf eine (nicht geräumte) Fahrstraße kommt. Auf dieser Fahrstraße oder neben einem Bachbett fährt man bis zur Straße hinunter und kehrt in wenigen Minuten zum Parkplatz zurück.

16 Schöntalspitze, 3002 m – von Osten

Herrlicher Skigipfel für den Hochwinter und das Frühjahr

Lisens (auch »Lüsens«) – Schöntal – Schöntalspitze

Talort: Gries im Sellrain, 1187 m. 16 km von der Ausfahrt »Kematen/Sellrain« der Inntal-Autobahn. Nähere Angaben S. 26.
Ausgangspunkt: Von Gries im Sellrain bis zum Alpengasthof Lisens. Großer Parkplatz, 1634 m.
Höhenunterschied: 1368 Hm.
Gehzeiten für den Aufstieg: Lisens – Schöntal 1¼ Std., Schöntal – Skidepot 2½ Std., Skidepot – Schöntalspitze ¼ Std.; Gesamtzeit 4 Std.
Anforderungen: Bis zum Skidepot mittelschwere Skitour. Bei Hartschnee sind Harscheisen zweckmäßig. Der Gipfelanstieg erfordert Schwindelfreiheit und Trittsicherheit.
Hangrichtung: Aufstieg und Abfahrt vorwiegend Ost.
Lawinengefährdung: Mitunter lawinengefährdet, insbesondere nach Schneefällen mit Windverfrachtung. Im Frühjahr ist rechtzeitiger Aufbruch wichtig, um Naßschneelawinen zu vermeiden.
Orientierung: An den schönen Wochenenden wird der beliebte Skigipfel häufig begangen. Bei fehlender Spur ist die Orientierung im Schöntal leicht, der letzte Teil des Anstieges ist jedoch etwas schwierig zu finden.
Günstige Zeit: Januar – Mai.

Die Schöntalspitze ist eine prachtvolle Skitour. Die gewaltige, aber recht gut gegliederte Ostflanke verspricht bei gutem Firn reinen Skigenuß – allerdings nur für Frühaufsteher!

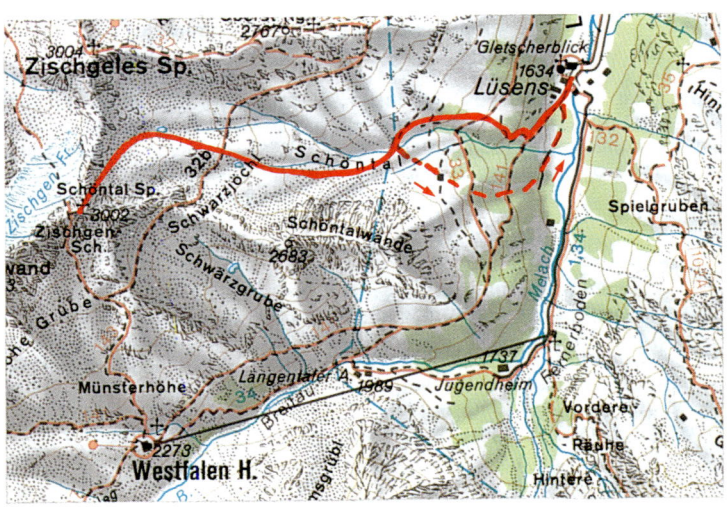

»Butterweicher« Firn bei der Abfahrt von der Schöntalspitze nach Lisens.

Von **Lisens** steigt man Richtung Südwest bis zum Schöntalbach auf, dessen Bett hier schluchtartig eingeschnitten ist. Neben dem Bachbett geht es zum ersten Wasserschloß hinauf. Das Bachbett wird nun zunehmend steil und eng. Man verläßt es nach rechts, hält sich jedoch in seiner Nähe. In einer Höhe von 2050 m ist das steilste Stück überwunden. Oberhalb der Bachschlucht quert man nach links in das **Schöntal** ein.

Über herrliches Skigelände geht es Richtung West bis zu einem flachen Becken (etwa 2700 m). Nun wird es wieder steiler. Über die Nordostflanke erreicht man einen Vorgipfel (2945 m) und errichtet das **Skidepot**.

Über das Blockwerk des Ostgrates steigen Geübte bei günstigen Verhältnissen ohne besondere Schwierigkeiten zum Gipfel auf.

Die **Abfahrt** folgt dem Anstiegsweg. Im Frühjahr ist eine rechtzeitige Abfahrt für die Lawinensicherheit, aber auch wegen des Skigenusses erforderlich – die extreme Ostlage bewirkt eine frühe Aufweichung der Schneedecke! Spät im Jahr empfiehlt es sich, über P. 2076 der AV-Karte (»Schneeflucht«, »Sonntaglehner«) abzufahren. Hier ist die Abfahrt selbst dann noch bis in den Talboden möglich, wenn der unterste Teil des Anstieges längst aper ist.

17 Lisenser Fernerkogel, 3298 m

Großartiger Gipfel – Genußtour jedoch nur bei guter Kondition!

Lisens – Fernerboden – Lisenser Ferner – Lisenser Fernerkogel

Talort: Gries im Sellrain, 1187 m. 16 km von der Ausfahrt »Kematen/Sellrain« der Inntal-Autobahn. Nähere Angaben S. 26.

Ausgangspunkt: Von Gries im Sellrain bis zum Ende der Fahrstraße beim Alpengasthof Lisens. Großer Parkplatz, 1634 m.

Höhenunterschied: 1664 Hm.

Gehzeiten für den Aufstieg: Lisens – Fernerboden ½ Std., Fernerboden – Lisenser Ferner 2½ Std., Lisenser Ferner – Lisenser Fernerkogel 2 Std.; Gesamtzeit 5 Std.

Anforderungen: Lange, kräfteraubende Skitour, die nur bei guter Kondition zur Genußtour wird. Sehr steiler Aufstieg zum Lisenser Ferner, »Fußstrecken« über unschwieriges Blockwerk.

Hangrichtung: Aufstieg und Abfahrt vorwiegend Nord und Ost.

Lawinengefährdung: Erhebliche Lawinengefährdung, vor allem zwischen Talschluß und Gletscherbecken. Im späten Frühjahr haben Naßschneelawinen bereits Todesopfer gefordert, weil zu spät abgefahren wurde.

Orientierung: An schönen Wochenenden mit Sicherheit von zahlreichen Tourenfreunden begangen. Bei fehlender Spur ist die Orientierung bis zum Gletscherbecken einfach, eine sachgerechte Spur durch die steile Flanke mit ihren zahlreichen Felsabbrüchen zu legen, erfordert jedoch einiges Können. Ab der Plattigen Wand Orientierung nicht ganz einfach.

Günstige Zeit: März – Mai, auch wenn der Anstieg von den ersten Schneefällen an begangen wird.

Vom großen Parkplatz in **Lisens**, der an schönen Wochenenden dennoch aus allen Nähten platzt, auf einem Fahrweg (Fahrverbot, Schranken) zum Talschluß: **»Fernerboden«**, 1716 m. Zwischen zwei Bachschluchten steigt man in der Grundrichtung Süd zum **Lisenser Ferner** auf. Dieser Anstieg ist teilweise steil und felsdurchsetzt. Die Gletscherzunge, die man hier erreicht, ist anfangs ebenfalls steil. Sie leitet zum flachen Gletscherboden, den man in

Der mächtige Lisenser Fernerkogel zählt zu den beliebtesten Skitouren im Sellrain.

einer Höhe von etwa 2850 m betritt. Hier biegt man Richtung West ab und steigt ziemlich flach entlang der Plattigen Wand bis in eine Höhe von 3000 m auf. In einer ansteigenden Querung in der Gegenrichtung (!) zu einer Einsattelung (3045 m). Sie leitet zum Rotgratferner. Über diesen kleinen Gletscher zu einer Scharte (3198 m) im Südrücken des Fernerkogels. Über Blockwerk unschwierig zum Gipfelkreuz.

Die **Abfahrt** folgt dem Anstiegsweg. Bei sicheren Verhältnissen kann man vom Rotgratferner unmittelbar durch eine steile Rinne zur Gletscherzunge des Lisenser Ferners abfahren – SCHWARZ.

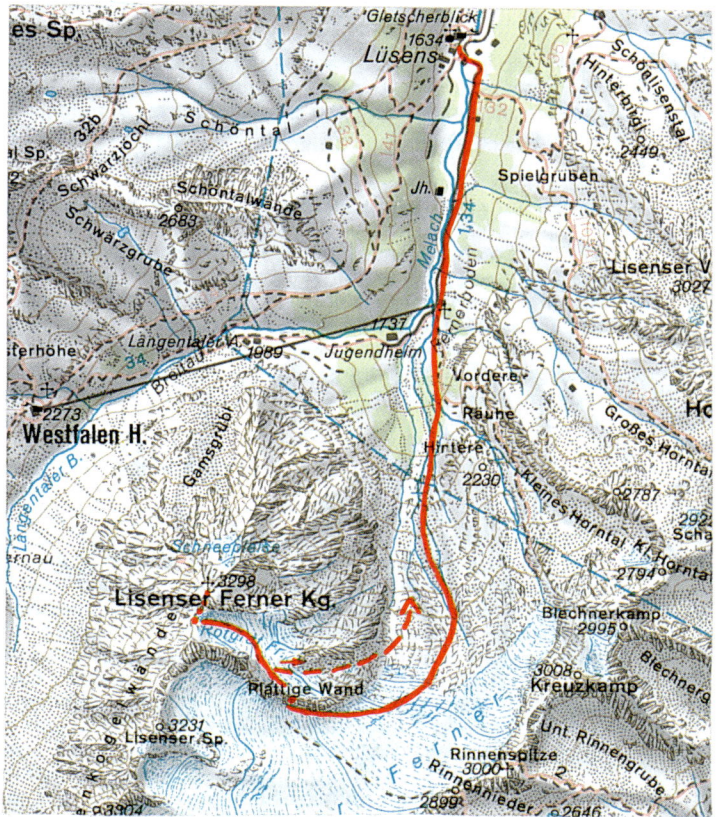

18 Westfalenhaus, 2273 m

Anspruchsvolles Skitourengebiet – insbesondere für das Frühjahr geeignet

Lisens – Jugendheim – Längentaler Alm – Westfalenhaus

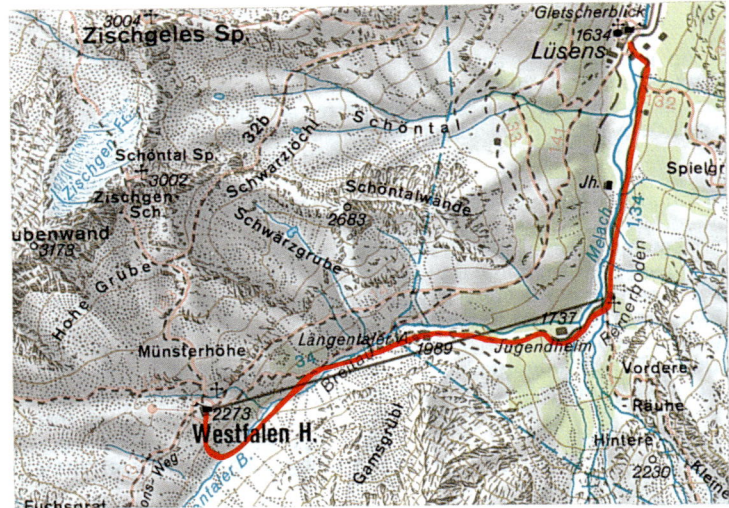

Talort: Gries im Sellrain, 1187 m. 16 km von der Ausfahrt »Kematen/Sellrain« der Inntal-Autobahn. Nähere Angaben S. 26.
Ausgangspunkt: Von Gries im Sellrain bis zum Alpengasthof Lisens. Großer Parkplatz, 1634 m.
Höhenunterschied: 639 Hm.
Gehzeiten für den Aufstieg: Lisens – Jugendheim ½ Std., Jugendheim – Längentaler Alm ¾ Std., Alm – Westfalenhaus ¾ Std.; Gesamtzeit 2 Std.
Anforderungen: Zwischen Jugendheim und Längentaler Alm und unterhalb der Hütte etwas steiler und anspruchsvoller, sonst leicht.

Hangrichtung: Aufstieg und Abfahrt vorwiegend Nord und Ost.
Lawinengefährdung: Auf dem »Winterweg« bei vernünftiger Spuranlage nur bei ungünstigen Verhältnissen lawinengefährdet. Der etwas kürzere Sommerweg quert steile Hänge. Er ist lawinengefährdet und hat schon Todesopfer gefordert!
Orientierung: Während der Bewirtschaftungszeit der Hütte zumeist gut gespurt. Bei guter Sicht ist die Hütte auch ohne vorhandene Spur leicht zu finden, da der Anstieg zunächst im Bachbett verläuft und später die Hütte bereits sichtbar wird.
Günstige Zeit: Februar – Mai.

Natürlich lassen sich alle Skitouren, die man von diesem Stützpunkt aus unternimmt, auch vom Tal aus angehen. Die einheimischen Tourengeher (und auch viele Bayern) beweisen es. Zu richtigen »Genußtouren« werden sie allerdings erst nach einer Hüttennächtigung.

Das stattliche **Westfalenhaus** gehört der Sektion Münster des DAV. Es liegt oberhalb des Talbodens und bietet eine eindrucksvolle Aussicht auf den Lisenser Fernerkogel und die Brunnenkögel. 15 Betten, 44 Lager. Anschrift: A-6182 Gries i. Sellrain, ☎ 05236/267. Die Hütte wird von Mitte Februar bis Anfang Mai bewirtschaftet. Winterraum mit 10 Lagern stets offen.

Die Tourenmöglichkeiten sind verlockend, jedoch zumeist anspruchsvoll.

Von **Lisens** zum Fernerboden (auch »Fernauboden«), 1716 m. Am **Jugendheim** vorbei und links im Anstiegssinne neben der Schlucht, die sich der Bach eingeschnitten hat, ziemlich steil zur **Längentaler Alm** (1988 m). Im Talboden wandert man mit geringem Höhengewinn aufwärts. Die Hütte steuert man nicht unmittelbar an, sondern geht unterhalb vorbei, bis man von Süd her ziemlich steil zu ihr aufsteigen kann.

Die **Abfahrt** folgt dem Anstiegswege. Viel schöner, allerdings erheblich anspruchsvoller: Am letzten Tag eines Hüttenaufenthalts auf die **Schöntalspitze** und unmittelbare Abfahrt zum Parkplatz in Lisens.

Das Westfalenhaus, im Hintergrund der beliebte Hohe Seeblaskogel.

19 Längentaler Weißerkogel, 3217 m

Beliebteste Skitour im Bereich des Westfalenhauses

Westfalenhaus – Längentalferner – Längentaler Weißerkogel

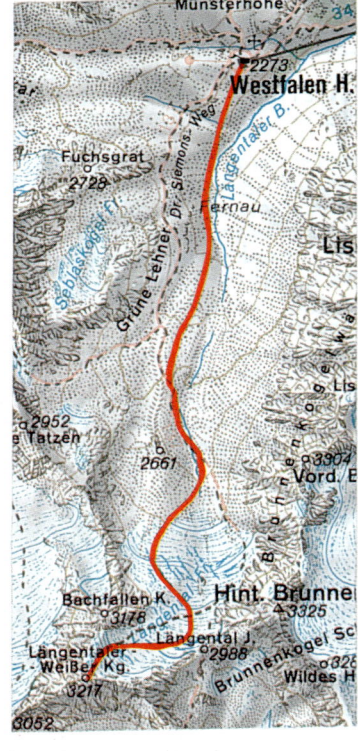

Talort: Gries im Sellrain, 1187 m. 16 km von der Ausfahrt »Kematen/Sellrain« der Inntal-Autobahn. Nähere Angaben S. 26.
Ausgangspunkt: Westfalenhaus, 2273 m. Siehe Tourenvorschlag 18.
Höhenunterschied: Etwa 1050 Hm (vom Talboden); Gegenanstieg zur Hütte 100 Hm.
Gehzeiten für den Aufstieg: Westfalenhaus – Längentalferner 1½ Std., Längentalferner – Längentaler Weißerkogel 2 Std.; Gesamtzeit 3½ Std.
Anforderungen: Mit Ausnahme der etwas steilen Hangstufe beim Gipfelaufbau sanfte, teilweise sogar flache Skitour. Geringe Spaltengefahr, doch Aufmerksamkeit und Beibehalten der üblichen Route empfehlenswert.
Hangrichtung: Aufstieg und Abfahrt vorwiegend Nord und Ost.
Lawinengefährdung: Bei vernünftiger Anlage der Anstiegs- bzw. der Abfahrtsspur nur im obersten Teil des Anstieges mitunter lawinengefährdet.
Orientierung: Eine der meistbegangenen Skitouren im Lisenser Tal. Der Gipfel wird von Einheimischen zumeist als Tagestour vom Parkplatz aus bestiegen, so daß selbst in der Zeit Spuren vorhanden sind, in der die Hütte geschlossen ist. Sind ausnahmsweise keine Spuren vorhanden, ist der Anstieg nur erfahrenen Skibergsteigern zu empfehlen, da es nicht ganz einfach ist, die richtige Spur zur Umgehung des Gletscherbruchs zu legen.
Günstige Zeit: Februar – Mai.

Der »Längentaler« ist ein prachtvoller Gipfel. Der Skigenuß wird allerdings im unteren Teil der Abfahrt dadurch eingeschränkt, daß er seinem Namen Ehre macht – sie zieht sich in die Länge...
Dem Sommerweg zu folgen ist nur sehr spät im Jahr sinnvoll. Zumeist es günstiger, von der Hütte Richtung Süd in den Talboden abzufahren und einen Höhenverlust von etwa 100 Hm in Kauf zu nehmen. Nun wandert man

Fast der gesamte Aufstieg zum Längentaler Weißerkogel läßt sich hier verfolgen.

in derselben Grundrichtung zum Talschluß und weiter, zumeist auf einem ausgeprägten Moränenrücken, zum **Längentalferner**.

Ein Gletscherbruch wird in einer S-Schleife umgangen. Wir steigen nun Richtung Längentaljoch (2981 m) auf, wenden uns aber schon etwas unterhalb des Jochs nach rechts. Richtung West erreicht man – zuletzt ziemlich steil – den Nordrücken, über den man zum Gipfel aufsteigt. Wegen der zentralen Lage des Gipfels in den Stubaier Alpen ist die Rundsicht innerhalb dieser Gebirgsgruppe besonders umfassend.

Die **Abfahrt** folgt dem Anstiegsweg. Gute Skifahrer werden dem flachen Talboden wenig Reiz abgewinnen. Und gar noch ein Gegenanstieg zur Hütte! Eine Genußtour, die leider nur in der oberen Hälfte ungetrübten Skigenuß vermittelt ...

20 Hoher Seeblaskogel, 3235 m

Paradegipfel des Westfalenhauses mit rassiger Steilabfahrt

Westfalenhaus – Grüne Tatzenferner – Seeblaskogel

Talort: Gries im Sellrain, 1187 m. 16 km von der Ausfahrt »Kematen/Sellrain« der Inntal-Autobahn. Nähere Angaben S. 26.
Ausgangspunkt: Westfalenhaus, 2273 m. Siehe Tourenvorschlag 18.
Höhenunterschied: Etwa 1100 Hm; Gegenanstieg zur Hütte 100 Hm.
Gehzeiten für den Aufstieg: Westfalenhaus – Grüne Tatzenferner 2½ Std., Grüne Tatzenferner – Seeblaskogel 1 Std.; Gesamtzeit 3½ Std.
Anforderungen: Teilweise sehr steile Skitour, die eine gute Felltechnik beim Aufstieg und eine entsprechende Skitechnik bei der Abfahrt erfordert. Im Frühjahr sind Harscheisen empfehlenswert. Vom Skidepot zum Gipfel harmloses Blockwerk, keinerlei Schwierigkeiten.
Hangrichtung: Aufstieg und Abfahrt Süd, Ost und Nord.
Lawinengefährdung: Der Anstieg ist erheblich lawinengefährdet und setzt stabile Schneeverhältnisse voraus. Am sichersten zu begehen ist er natürlich im Frühjahr bei Firn, nach einer kalten Nacht. Rechtzeitiger Aufbruch wegen der sonnseitigen Lage erforderlich – die Ostlage bewirkt eine frühzeitige Aufweichung der Schneedecke, die nicht nur der Sicherheit, sondern auch dem Skigenuß abträglich ist!
Orientierung: Während des gesamten Tourenjahres zumeist gespurt, von Einheimischen arg früh begangen – oft schon im November! Sind keine Spuren vorhanden, kommt es darauf an, die richtige Stelle für die Abzweigung aus dem Talboden zu finden. Der weitere Verlauf des Anstiegs bietet dann keine Schwierigkeiten mehr, da er beiderseits von steilen Felsflanken gewissermaßen »eingerahmt« wird.
Günstige Zeit: März – Mai.

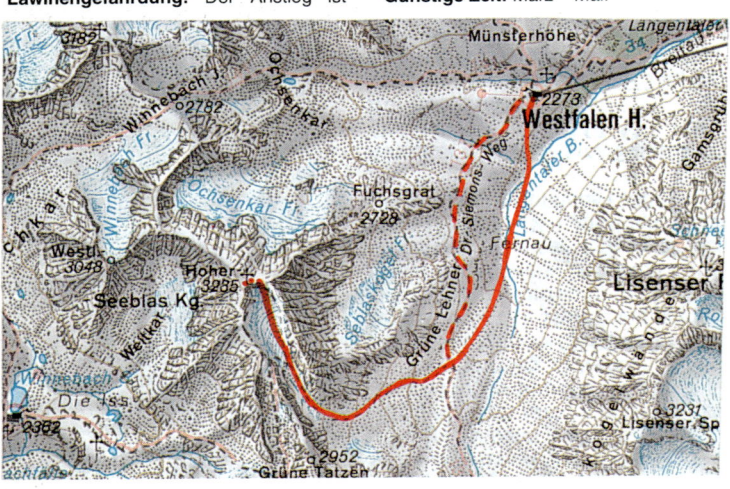

Für gute Skiläufer unter den Besuchern des Westfalenhauses gibt es meist keinen Zweifel über den schönsten Skigipfel im Umkreis der Hütte. Es ist der Seeblaskogel mit seiner großartigen Abfahrt über den Grüne Tatzenferner.

Vom **Westfalenhaus** fährt man Richtung Süd in den Talboden ab. Im Talboden wandert man talein bis zu einem auffallenden Moränenrücken. In einer Höhe von etwa 2400 m zweigt man nach rechts ab und steigt Richtung Südwest über sehr steile Hänge zum **Grüne Tatzenferner** auf. Auch auf dem Gletscher geht es sehr steil aufwärts. Nach kurzer Unterbrechung neuerlich ein Steilhang, der bis unterhalb der Gipfelfelsen führt. **Skidepot**. Über unschwierige Blöcke zum höchsten Punkt. Großartiger Nahblick auf die nahen Brunnkogelwände mit dem Lisenser Fernerkogel als Abschluß.

Die **Abfahrt** folgt dem Anstiegswege. Noch einmal: Wegen der sonnseitigen Lage ist bei Firn eine rechtzeitige Abfahrt wichtig – Gefahr von Naßschneelawinen!

Der letzte Teil der langen Abfahrt vom Hohen Seeblaskogel nach Lisens führt in anregenden Kehren durch lichten Wald und ist zumeist zu einer Piste eingefahren, weil sich hier die Abfahrten von mehreren beliebten Skizielen vereinigen.

21 Winnebacher Weißkogel, 3182 m

Schöne Skitour mit beachtlichen Erweiterungsmöglichkeiten

Westfalenhaus – Winnebachjoch – Winnebacher Weißkogel

Talort: Gries im Sellrain, 1187 m. 16 km von der Ausfahrt »Kematen/Sellrain« der Inntal-Autobahn. Nähere Angaben S. 26.
Ausgangspunkt: Westfalenhaus, 2273 m. Siehe Tourenvorschlag 18.
Höhenunterschied: 909 Hm.
Gehzeiten für den Aufstieg: Westfalenhaus – Winnebachjoch 1½ Std., Winnebachjoch – Winnebacher Weißkogel 1½ Std.; Gesamtzeit 3 Std.
Anforderungen: Mittelschwere Skitour ohne besondere Probleme. Vom Skidepot zum Gipfel unschwierige Blöcke, die lediglich etwas Trittsicherheit erfordern.
Hangrichtung: Aufstieg und Abfahrt vorwiegend Ost und Süd.
Lawinengefährdung: Mitunter lawinengefährdet, stabile Schneeverhältnisse erforderlich.
Orientierung: Zur Zeit der Hüttenbewirtschaftung zumeist Spuren vorhanden. Bei fehlender Spur ist der Anstieg bei guter Sicht verhältnismäßig leicht zu finden.
Günstige Zeit: Februar – Mai.
Variante: Das Winnebachjoch bietet Übergänge zur Winnebachseehütte oder über eine Einsattelung östl. des Winnebachers auf den Gleirscher Ferner und zum Gleirscher Fernerkogel (3289 m) und nach St. Sigmund.

Auf dem Anstieg zum Winnebacher Weißkogel. Die ostseitige, im oberen Teil des Anstieges südostseitige Lage erfordert im Frühjahr eine rechtzeitige Abfahrt.

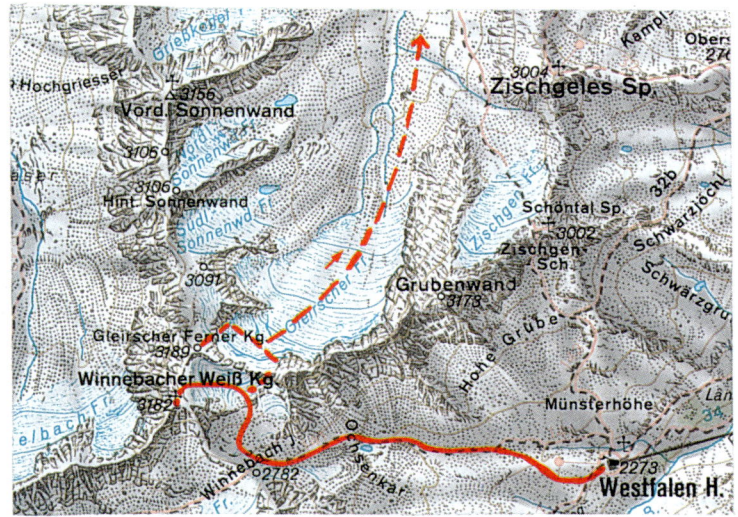

Es ist oft unerklärlich, wie es zur Beliebtheit bestimmter Gipfel kommt. Ganze Scharen laufen zum »Längentaler«, während der skiläuferisch ungleich reizvollere »Winnebacher« kaum Besuch erhält.

Vom **Westfalenhaus** holt man nach links aus und erreicht über eine Hangstufe ein flaches Becken, das Ochsenkar. Dieses Becken durchquert man in der Grundrichtung West und steigt dann in zunehmender Steilheit fast bis zum **Winnebachjoch** (2788 m) auf. Bereits etwas unterhalb des Jochs hält man sich rechts und erreicht wenig später den praktisch spaltenlosen Weißkogelferner, einen winzigen Gletscherrest. Über diesen Gletscherfleck steigt man auf, hält sich zuletzt links und erreicht über einen kurzen Steilhang den Nordgrat knapp unterhalb des Gipfels. Hier errichtet man das **Skidepot** und steigt über unschwierige Blöcke zum höchsten Punkt auf.

Die **Abfahrt** folgt dem Anstiegsweg.

Am letzten Tag eines Aufenthalts auf dem Westfalenhaus könnten »Autolose« erwägen, über den Gletscherrest abzufahren und dann nach links (zu Fuß) über eine Einsattelung zum Gleirscher Ferner hinüberzusteigen. Mit oder ohne »Mitnahme« des **Gleirscher Fernerkogels** (3189 m) kann man über diesen Gletscher und dann durch den Talboden zur **Gleirschalm** und weiter nach **St. Sigmund im Sellrain** abfahren. Während der Bewirtschaftungszeit der Pforzheimer Hütte (im allgemeinen Mitte Februar – Anfang Mai) finden sich hier in der Regel Spuren.

22 Schöntalspitze, 3002 m – von Süden

Kurze Skitour mit Erweiterungsmöglichkeiten – Genuß für Könner...

Westfalenhaus – Hohe Grube – Zischgenscharte – Schöntalspitze

Talort: Gries im Sellrain, 1187 m. 16 km von der Ausfahrt »Kematen/Sellrain« der Inntal-Autobahn. Nähere Angaben S. 26.
Ausgangspunkt: Westfalenhaus, 2273 m. Siehe Tourenvorschlag 18.
Höhenunterschied: 729 Hm.
Gehzeiten für den Aufstieg: Westfalenhaus – Hohe Grube 1 Std., Hohe Grube – Zischgenscharte 1 Std., Zischgenscharte – Schöntalspitze ½ Std.; Gesamtzeit 2½ Std.
Anforderungen: Steile Hänge bereits im ersten Teil des Anstieges zur Hohen Grube, sehr steil durch eine Rinne in die Zischgenscharte – bei Hartschnee am besten mit Steigeisen und aufgeschnallten Ski. Der Blockgrat zum Gipfel erfordert Trittsicherheit und Schwindelfreiheit.
Hangrichtung: Aufstieg und Abfahrt Süd.
Lawinengefährdung: Häufig lawinengefährdet, nur bei stabilen Schneeverhältnissen empfehlenswert. In Tourenjahren mit ungünstigem Schneedeckenaufbau am besten erst im Frühjahr bei Firn nach einer kalten Nacht.
Orientierung: Außerhalb der Bewirtschaftungszeit des Westfalenhauses kann man nicht mit Spuren rechnen. Der Anstieg ist bei guter Sicht verhältnismäßig einfach zu finden.

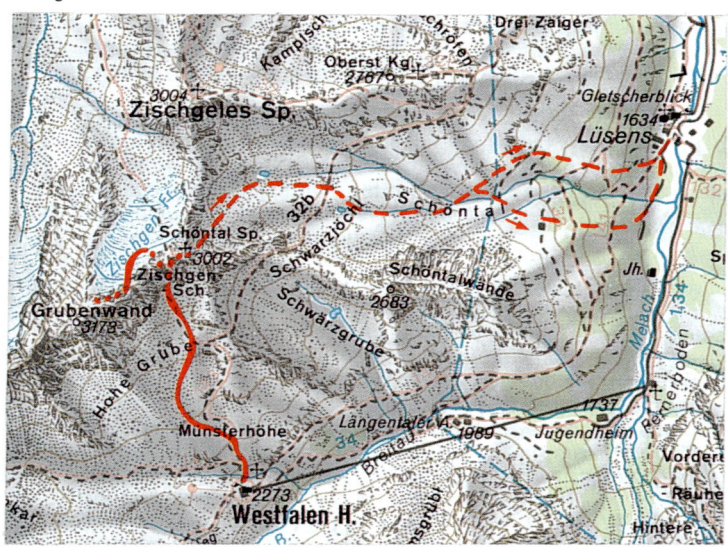

Die Schöntalspitze ist eine Skitour, die über steile Südhänge führt – eine Marter bei Hartschnee oder Bruchharsch, erlesenster Skigenuß bei gutem

Die sonnseitige Abfahrt von der Schöntalspitze zum Westfalenhaus ist bei gutem Firn ein wahrer Hochgenuß.

Firn! Die Variante (Vordere Grubenwand) kann zum ergänzenden »Glück im Pulverschnee« führen.

Über steile Südhänge steigt man vom Westfalenhaus in die »**Hohe Grube**« auf, eine große Mulde unterhalb der mächtigen Grubenwand. Links von einem kleinen Felsabbruch geht es in ein Becken unterhalb der Zischgenscharte. Durch eine steile Rinne zur **Zischgenscharte** (2936 m). Hier errichtet man das **Skidepot** und steigt über den blockigen Südwestgrat zum Gipfel auf.

Die **Abfahrt** folgt dem Anstiegsweg.

Abfahrt nach Lisens: Vom Gipfel Richtung Nordost über Blöcke und Firn kurz zu Fuß absteigen. Mit Ski über einen prachtvollen Steilhang, dann Richtung Ost ins Schöntal einbiegend mit wechselndem Gefälle, zuletzt wieder steil, nach Lisens.

Variante: Vordere Grubenwand (3165 m). Von der Zischgenscharte zum Zischgenferner absteigen. Im linken Teil der Nordflanke erreicht man den Nordostgrat und – zuletzt zu Fuß, ziemlich steil! – den Gipfel. Die schattige und windgeschützte Flanke weist häufig herrlichen Pulverschnee auf. Man sollte der Verlockung nachgeben und diese Flanke befahren und anschließend mit Fellen zum Joch aufsteigen.

23 Neue Pforzheimer Hütte, 2308 m

Gemütliche Schutzhütte mit reichhaltigen Tourenmöglichkeiten

St. Sigmund – Gleirschalm – Talstation – Pforzheimer Hütte

Talort: St. Sigmund, 1513 m. Nähere Angaben S.

Ausgangspunkt: Parkplatz knapp vor einer auffallend scharfen Rechtskurve. Großes Hinweisschild.

Höhenunterschied: 795 Hm.

Gehzeiten für den Aufstieg: Parkplatz – Gleirschalm ½ Std., Gleirschalm – Talstation der Materialseilbahn 2 Std., Talstation der Materialseilbahn – Pforzheimer Hütte ½ Std.; Gesamtzeit 3 Std.

Anforderungen: Leichte Skiwanderung, lange Flachstücke.

Hangrichtung: Aufstieg und Abfahrt vorwiegend Nord.

Lawinengefährdung: Nach starken Schneefällen Bedrohung von den Flanken her, sonst kaum lawinengefährdet.

Orientierung: Problemlos – zuerst Fahrweg, dann (zur Bewirtschaftungszeit der Hütte) gut gespurt.

Günstige Zeit: Februar – Mai.

Die Pforzheimer Hütte im Gleirschtal.

Die Pforzheimer Hütte zählt – erstaunlich bei ihrem großartigen Tourenange-
bot – zu den »ruhigen« Skihütten, bei denen man kaum befürchten muß, daß
der Gastraum als zusätzliches Lager verwendet wird. Das Tourengebiet ist
sehr vielfältig und weist Anstiege unterschiedlichster Längen und Schwierigkeiten auf.

Die **Neue Pforzheimer Hütte** (auch »Adolf-Witzenmann-Haus«) gehört der
Sektion Pforzheim des DAV. 22 Betten, 42 Lager. Anschrift: A-6182 St.
Sigmund, ℃ 05236/276. Die Hütte wird von Mitte Februar bis Anfang Mai
bewirtschaftet. Ein Winterraum mit 12 Lagern ist stets offen.

Vom Parkplatz steigt man auf einer Forststraße, die im Winter als Rodelbahn
dient, mit geringem Höhengewinn zu den Gleirschhöfen auf (auch **»Gleirschalm«**, Jausenstation, an Wochenenden geöffnet, 1666 m). Fast eben geht es
nun durch den »Anger«. Jetzt wird das Tal enger und der Anstieg etwas
steiler. Nach der »Eng« erreicht man die **Talstation** der Materialseilbahn.

Hier verlassen wir den Talboden, überqueren den Gleirschbach auf einer
Brücke, und steigen über einen Osthang zur Hütte auf. Die Hütte erreicht
man nicht in unmittelbarem Anstieg, sondern nach rechts ausholend etwas
von Nord her.

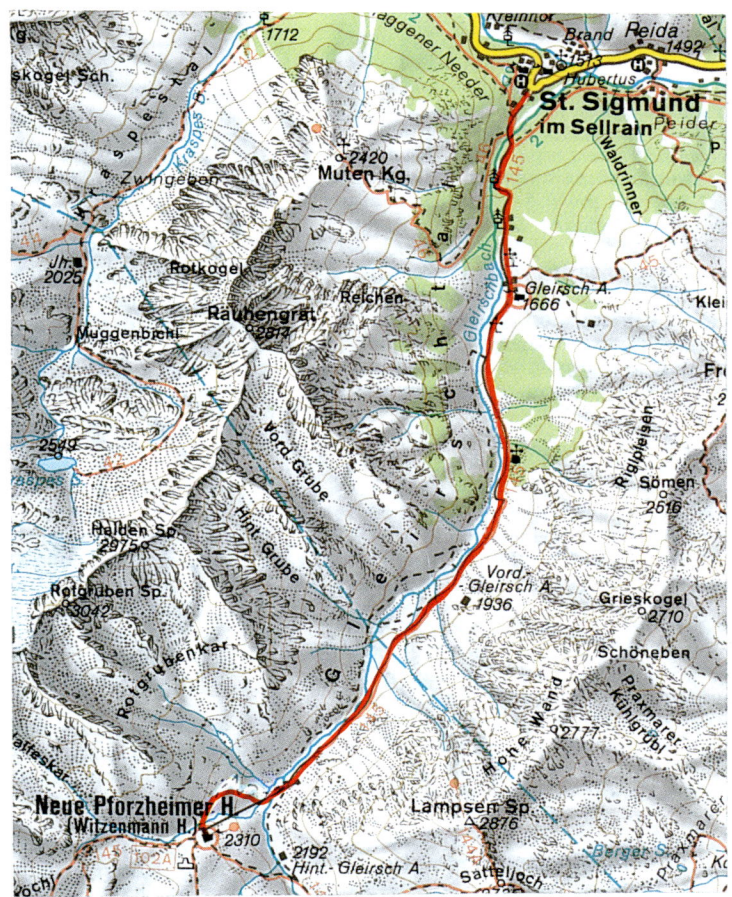

Die **Abfahrt** folgt dem Anstiegsweg, sofern man es nicht vorzieht, am letzten Tag eines Hüttenaufenthalts den **Zwieselbacher Roßkogel** (Tourenvorschlag 25) über seine Sonnenseite zu besteigen und schattseitig zum Weiler Haggen (wie bei Tourenvorschlag 31) abzufahren. Wesentlich reizvollere Abfahrt!

24 Schartlkopf, 2829 m (»Samerschlag«)

Kurze Skitour für den Ankunftstag

Pforzheimer Hütte – Roßkar – Schartlkopf

Talort: St. Sigmund, 1513 m. Nähere Angaben S. 27.
Ausgangspunkt: Pforzheimer Hütte, 2308 m. Siehe Tourenvorschlag 23.
Höhenunterschied: 521 Hm.
Gehzeiten für den Aufstieg: Pforzheimer Hütte – Roßkar ½ Std., Roßkar – Schartlkopf 1 Std.; Gesamtzeit 1½ Std.
Anforderungen: Teilweise sehr steile Skitour, die im Anstieg gute Fell- und bei der Abfahrt eine entsprechende Skitechnik voraussetzt.
Hangrichtung: Aufstieg und Abfahrt vorwiegend Nord und Ost.
Lawinengefährdung: Mitunter lawinengefährdet, nur bei wirklich stabilen Schneeverhältnissen zu empfehlen.
Orientierung: Zur Bewirtschaftungszeit der Hütte in der Regel gespurt. Bei fehlender Spur ist der Gipfel auch bei guter Sicht nicht ganz einfach zu finden und die Fähigkeit zum sachgerechten Umgang mit der Landkarte gefragt.
Günstige Zeit: Februar – Mai.
Variante: Gipfelsammler können ohne Schwierigkeiten den benachbarten Metzgerstein (2782 m) »mitnehmen«.

Der Schartlkopf ist kein berühmter Berg. Die windgeschützte und schattseitige Abfahrt verspricht jedoch noch lange Zeit nach dem letzten Schneefall guten Pulverschnee, selbst dann noch, wenn man sich auf höheren und berühmteren Gipfeln bereits mit Bruchharsch oder Windgangeln abplagen muß. Er hat zudem den nicht zu unterschätzenden Vorteil, daß man sich nach kurzem und wenig anstrengendem Anstieg einen guten Überblick über die vielfältigen Tourenmöglichkeiten der Pforzheimer Hütte verschaffen kann. Von der **Pforzheimer Hütte** steigt man im Bachtal Richtung West an, hält dann links Richtung Süd und gelangt ins sanfte **Roßkar**. Nun weiter in dieser Richtung zum Gipfel. Der Anstieg ist hier teilweise recht steil und erfordert eine überlegte Spurwahl. (Bei schlechter Sicht Lawinenunfall vor einigen Jahren.) Der Gipfel ist wenig charakteristisch und seine Identifikation bedarf daher bei fehlenden Spuren eines entsprechenden Kartenstudiums.
Die **Abfahrt** folgt dem Anstiegsweg. Bei günstigen Bedingungen vom Gipfel über die steile Nordostflanke unmittelbar zur Hütte. Diese Abfahrt ist häufig lawinengefährdet und erheblich anspruchsvoller – SCHWARZ .
Variante: Den **Metzgerstein** (2782 m) erreicht man unschwierig von der Einsattelung im Verbindungskamm zwischen Schartlkopf und Metzgerstein.

Beim Anstieg zu den Sattelschröfen sieht man zurück zur Pforzheimer Hütte und ihrem kürzesten Tourenziel, dem Schartlkopf.

25 Zwieselbacher Roßkogel, 3081 m

Ruhiger Anstieg auf einen berühmten Skigipfel

Pforzheimer Hütte – Rotgrube – Scharte – Zwieselbacher Roßkogel

Talort: St. Sigmund, 1513 m. Nähere Angaben S. 27.
Ausgangspunkt: Pforzheimer Hütte, 2308 m. Siehe Tourenvorschlag 23.
Höhenunterschied: 773 Hm.
Gehzeiten für den Aufstieg: Pforzheimer Hütte – Rotgrube 1 Std., Rotgrube – Scharte 1 Std., Scharte – Zwieselbacher Roßkogel ½ Std.; Gesamtzeit 2½ Std.
Anforderungen: Der Aufstieg aus der Rotgrube zur Scharte ist ungemein steil und erfordert im Anstieg wie in der Abfahrt erhebliches Können.
Hangrichtung: Vorwiegend Süd, Südost.
Lawinengefährdung: Nach stärkeren Schneefällen lawinengefährdet. Wegen der sonnseitigen Lage tritt meist rasch eine Beruhigung der Lawinengefahr ein. Am besten bei Firn nach einer kalten Nacht und mit rechtzeitiger Abfahrt.
Orientierung: Zur Bewirtschaftungszeit der Hütte zumeist begangen. Bei fehlender Spur ist die richtige Scharte nicht ganz einfach zu finden.
Günstige Zeit: März – Mai.
Variante: Walfeskar – ebenfalls ungemein steil, erhebliches Können erforderlich.

Der Zwieselbacher Roßkogel ist von Nord her (Alpengasthof Haggen) ein beliebtes und ziemlich überlaufenes Skiziel. Die Südanstiege werden viel seltener begangen, obwohl sie skiläuferisch schöner sind (keine Flachstükke).
Von der **Pforzheimer Hütte** quert man zunächst einen steilen Osthang ansteigend in nördl. Richtung und in die zunehmend flacheren Böden eines weiten Kares. Nach einem felsigen Rücken hält man sich links und erreicht das prachtvolle Skigelände der **Rotgrube**. In wechselnder Steilheit überwindet man diese Mulde und kommt über eine kurze Steilstufe in eine **Scharte** (2947 m) südl. der Rotgrubenspitze. Jetzt hält man sich links (Richtung West) und quert den hier fast ebenen obersten Teil des Kraspesferners. Ein kurzer Hang führt zum Gipfel, den man bei günstigen Verhältnissen mit Ski erreicht. Die **Abfahrt** folgt dem Anstiegsweg.
Variante: Wer sich für das nicht minder steile Walfeskar entscheidet (etwas häufiger befahren), biegt gewissermaßen »eine Scharte früher« nach rechts ab. Diese Einsattelung ist in der AV-Karte kotiert (2958 m). Steil und eng geht es rund 300 m ins Walfeskar hinab, dann in angenehmer Steilheit, durchwegs im Tälchen, zur Hütte.

Der Zwieselbacher Roßkogel – hier das mächtige Gipfelkreuz – wird aus dem Gleirschtal seltener bestiegen als aus dem Kraspestal.

26 Südlichste Sonnenwand, 3091 m

Prachtvolle Abfahrt durch eine windgeschützte Gletschermulde!

Pforzheimer Hütte – Talschluß – Südl. Sonnenwandferner – Südlichste Sonnenwand

Talort: St. Sigmund, 1513 m. Nähere Angaben S. 27.
Ausgangspunkt: Pforzheimer Hütte, 2308 m. Siehe Tourenvorschlag 23.
Höhenunterschied: 785 Hm.
Gehzeiten für den Aufstieg: Pforzheimer Hütte – Talschluß 1 Std., Talschluß – Südl. Sonnenwandferner ¾ Std., Südl. Sonnenwandferner – Südlichste Sonnenwand 1¼ Std.; Gesamtzeit 3 Std.
Anforderungen: Bis zum Talschluß flach, beim Anstieg zum Ferner und im obersten Teil des Gletschers ziemlich steile Hänge. Die letzten Meter zum Gipfel erfordern etwas Trittsicherheit, sind jedoch leichter als man von weiter unten vermutet.
Hangrichtung: Aufstieg und Abfahrt vorwiegend Nordost und Nord.
Lawinengefährdung: Im Steilstück vor dem Gletscherbecken und in der steilen Flanke unterhalb des Gipfels mitunter lawinengefährdet, nur bei stabilen Verhältnissen empfehlenswert.
Orientierung: Zur Bewirtschaftungszeit der Hütte verhältnismäßig häufig begangen. Bei fehlender Spur ist es wichtig, die richtige Abzweigung zu »erwischen«. Der letzte Teil des Anstiegs setzt in diesem Falle erhebliche Erfahrung voraus.
Günstige Zeit: Februar – Mai.

Der Gleirscher Fernerkogel ist zwar der höchste Gipfel in diesem Tourengebiet, die benachbarte Südlichste Sonnenwand ist skiläuferisch schöner und zudem verhältnismäßig unschwierig erreichbar. Die windgeschützte Gletschermulde »konserviert« gewissermaßen den Pulverschnee, so daß man noch lange Zeit nach einem Schneefall günstige Bedingungen vorfindet.
Von der **Hütte** auf einer Art Terrasse oberhalb des Gleirschbaches Richtung Süd bis zum **Talschluß**. Achtung: Man darf nicht zu früh nach rechts

abbiegen, sonst gerät man in das Gletscherbecken des Nördl. Sonnenwand-
ferners, der durchwegs von unzugänglichen, jedenfalls aber wenig skifreund-
lichen Gipfeln umringt wird.
Richtung Südwest steigt man nun zum **Südl. Sonnenwandferner** auf.
In einer Höhe von 2900 m hält man sich links und erreicht über einen steilen
Hang ziemlich nahe beim Gipfel den Nordwestgrat. Hier errichtet man das
Skidepot. Über unschwierige Blöcke zum höchsten Punkt.
Die **Abfahrt** folgt dem Anstiegsweg.

*Die Südlichste Sonnenwand gilt für viele einheimische Tourengeher als das
schönste Skiziel im Bereich der Pforzheimer Hütte. Diesen Ruf verdankt der Gipfel
nicht zuletzt den prachtvollen Skihängen auf dem Südlichen Sonnenwandferner.*

27 Gleirscher Fernerkogel, 3189 m

Höchster Gipfel im Bereich der Pforzheimer Hütte

Pforzheimer Hütte – Talschluß – Gleirscher Fernerkogel

Talort: St. Sigmund, 1513 m. Siehe S. 27.
Ausgangspunkt: Pforzheimer Hütte, 2308 m. Siehe Tourenvorschlag 23.
Höhenunterschied: 881 Hm.
Gehzeiten für den Aufstieg: Pforzheimer Hütte – Talschluß 1¼ Std., Talschluß – Gleirscher Fernerkogel 2¼ Std.; Gesamtzeit 3½ Std.
Anforderungen: Trotz des geringen Höhenunterschiedes verhältnismäßig anstrengende Skitour. Schwierig sind nur die Steilrinne, die zum Gipfelhang führt, und dieser steile Gipfelhang selbst.
Hangrichtung: Aufstieg und Abfahrt vorwiegend Nordost und Nord.
Lawinengefährdung: Vor allem in der Steilrinne zum Gipfelhang. Schneebrettgefahr insbesondere nach Schneefällen mit Windverfrachtung.
Orientierung: Als höchster Gipfel im Tourengebiet während der Bewirtschaftungszeit der Hütte in der Regel begangen. Bei guter Sicht ist die Orientierung auch bei fehlender Spur verhältnismäßig einfach.
Günstige Zeit: Februar – Mai.

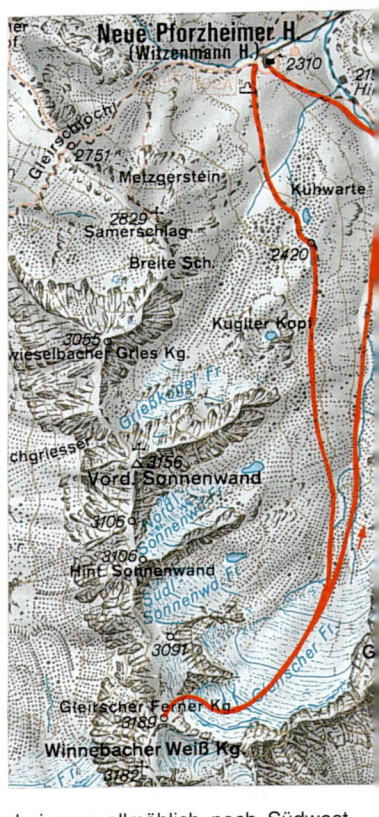

Von der **Pforzheimer Hütte** wandert man mit geringem Höhengewinn Richtung Süd durch den flachen Boden zu den »Seeblen«, kleinen Bergseen. Während man zunächst auf einer Art Terrasse oberhalb des Gleirschbaches wanderte, quert man nun – jedoch gleichfalls fast eben – einen Osthang und erreicht wenig später den **Talschluß**.

Jetzt geht es Richtung Süd weiter, wobei man allmählich nach Südwest einbiegt. Über den sanft geneigten und fast spaltenlosen Gleirschferner erreicht man einen sperrenden Felsgürtel. Durch eine enge und steile Rinne an der (im Anstiegssinne) rechten Begrenzung wird dieser Felsgürtel überwunden. Bei Hartschnee sind Harscheisen, mitunter sogar Steigeisen

Ein steiler Nordosthang bildet den letzten Teil des Anstieges zum Gleirscher Fernerkogel.

empfehlenswert. Die anschließende Gipfelflanke ist ebenfalls sehr steil, sie erreicht nahezu 40°. Bei günstigen Verhältnissen besteigt man den Gipfel mit Ski. Der **Gleirscher Fernerkogel** bietet aufgrund seiner Höhe und seiner zentralen Lage einen hervorragenden Einblick nicht nur in die Gipfelwelt der Stubaier, sondern auch der nahen Ötztaler Alpen.

Die **Abfahrt** folgt zunächst dem Anstiegsweg. Im weiteren Verlauf ist es günstiger, im Talboden zu bleiben und bis zur Gleirschalm oder der Talstation der Materialseilbahn abzufahren. Von hier steigt man dann ½ Std. zur Hütte auf. Man erspart sich dadurch die teilweise fast ebene Querung vom Talschluß bis zur Hütte. Der zusätzliche Zeitaufwand ist gering – etwa ¼ Std.

28 Vordere Grubenwand, 3165 m

Großartige Abfahrt über die Nordflanke und den Zischgelesferner!

Hintere Gleirschalm – Talboden bei 2400 m – Zischgelesferner – Vordere Grubenwand

Talort: St. Sigmund, 1513 m. Siehe S. 27.
Ausgangspunkt: Pforzheimer Hütte, 2308 m. Siehe Tourenvorschlag 23.
Höhenunterschied: Etwa 1000 Hm. Rund 200 Hm zusätzlich – Gegenanstieg.
Gehzeiten für den Aufstieg: Hintere Gleirschalm – Talboden bei 2400 m 1 Std., Talboden bei 2400 m – Zischgelesferner 1 Std., Zischgelesferner – Vordere Grubenwand 1 Std.; Gesamtzeit 3 Std. Gegenanstieg zur Hütte ½ Std.
Anforderungen: Teilweise steile, aber nie besonders schwierige Skitour. Im letzten Teil Blockgrat, der etwas Trittsicherheit erfordert.
Hangrichtung: Aufstieg und Abfahrt vorwiegend Nord und Nordwest.
Lawinengefährdung: Nach Schneefällen mit Windverfrachtung besteht mitunter erhebliche Lawinengefahr.
Orientierung: Zur Bewirtschaftungszeit der Hütte zumeist begangen. Fehlen Spuren, ist es wichtig, die richtige Abzweigung nicht zu verfehlen.
Günstige Zeit: Februar – Mai.
Variante: Schöntalspitze (3002 m).

»Skiglück im Pulverschnee« – die Vordere Grubenwand hält dieses Versprechen zumeist (windgeschützte und schattige Abfahrt).
Von der **Pforzheimer Hütte** fährt man (Vorsicht, ziemlich steiler Nordosthang!) in den Talboden ab, den man am besten nach der **Hinteren Gleirschalm** erreicht. Anfellen und mit geringem Höhengewinn taleinwärts. Im **Talboden** geht es ziemlich flach bis zur Einmündung des Zischgenbaches in einer Höhe von etwa 2400 m. Schon etwas vor dieser Einmündung zweigt man nach links ab und erreicht über einen Moränenrücken sehr steil und

Der Talschluß des Gleirschtales mit der Vorderen Grubenwand in der Bildmitte.

mühsam das Becken, das den **Zischgelesferner** umschließt. Auf dem Gletscher hält man sich annähernd in der Mitte und steigt Richtung Süd geradewegs zum Nordostgrat auf. Man erreicht den Grat etwa bei P. 3005 der AV-Karte, kann aber bei günstigen Verhältnissen auch höher oben ankommen. Skidepot. Über den blockigen Grat geht es ziemlich steil, aber ohne besondere Schwierigkeiten, zum Gipfel. Die **Abfahrt** folgt dem Anstiegsweg. Ausgezeichnete Skiläufer können bei besonders günstigen Verhältnissen vom Gipfel abfahren – sehr steil, SCHWARZ!

Variante: Schöntalspitze (3002 m). Unschwierig zur Zischgenscharte und über Blockwerk (Trittsicherheit erforderlich) zum Gipfel. Wer sich dem Gipfelanstieg nicht gewachsen fühlt, kann auch mit der Zischgenscharte (2936 m) ein ansehnliches Ziel verbuchen.

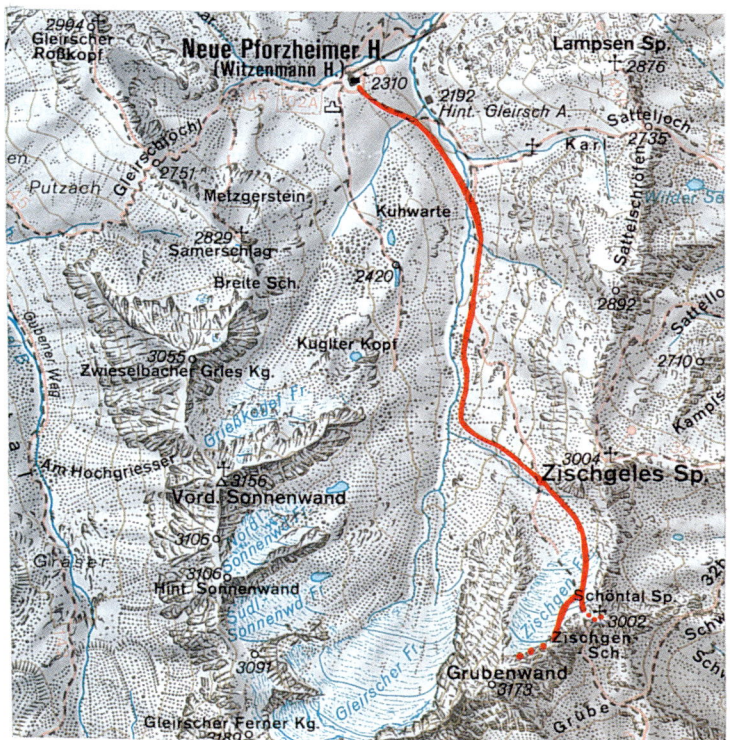

29 Sattelschröfen, 2892 m

Unbedeutende Erhebung mit sehr schöner Abfahrt

Hintere Gleirschalm – Karl – Sattelschröfen

Talort: St. Sigmund, 1513 m. Nähere Angaben S. 27.
Ausgangspunkt: Pforzheimer Hütte, 2308 m. Siehe Tourenvorschlag 23.
Höhenunterschied: Etwa 620 Hm. 200 Hm Gegenanstieg zur Hütte.
Gehzeiten für den Aufstieg: Hintere Gleirschalm – Karl 1 Std., Karl – 1¼ Std.; Gesamtzeit 2¼ Std. Gegenanstieg zur Hütte ½ Std.
Anforderungen: Teilweise steile, im großen und ganzen aber unschwierige Skitour.
Hangrichtung: Aufstieg und Abfahrt vorwiegend Nord und West.
Lawinengefährdung: Mitunter lawinengefährdet, insbesondere nach Schneefällen mit Windverfrachtung.
Orientierung: Auch zur Bewirtschaftungszeit der Hütte nicht immer gespurt. Bei guter Sicht Orientierung verhältnismäßig einfach.
Günstige Zeit: Februar – Mai.
Variante: Lampsenspitze (2876 m).

Die Sattelschröfen sind ein vielgipfeliger Kamm, dessen höchster Punkt erstiegen wird. Die unbedeutende Erhebung bietet eine sehr schöne Abfahrt, die man zumeist unverspurt vorfindet, weil unbedeutende Erhebungen selten bestiegen werden ...

Von der Hütte fährt man über den ziemlich steilen Osthang zur **Hinteren Gleirschalm** (2188 m) ab. Hier beginnt unser Anstieg. Richtung Ost geht es über eine Steilstufe in eine flaches Becken, das »**Karl**«. In diesem Becken steigt man bis in eine Höhe von 2520 m weiter. Nun biegt man scharf nach

Über mehrere Kuppen führt die Spur zum höchsten Punkt der Sattelschröfen.

rechts ab. In wechselnder Steilheit geht es durch ein Kar zur südlichsten und höchsten Erhebung der **Sattelschröfen**. Den höchsten Punkt erreicht man – auf den letzten Metern zu Fuß – über unschwierige Blöcke.
Die **Abfahrt** folgt dem Anstiegsweg.
Variante: Wer zusätzlich zu den Sattelschröfen die ungleich berühmtere **Lampsenspitze** besteigen will, fährt ins Karl ab, hält sich aber sofort rechts und steigt, im letzten Teil sehr steil, zum Satteljoch (2734 m) auf. Vom Joch kurz abwärts, dann nach links zur meist dicken Anstiegsspur, die von Praxmar heraufführt. Skidepot südlich des Gipfels. Gute »Felltechniker« erreichen den Gipfel in der Südflanke auch mit Ski. Zum Satteljoch hinauf wird man oft keine Spuren vorfinden, ab dem Satteljoch jedoch sicher – die »Lampsen« ist von Praxmar aus eine der beliebtesten Skitouren Tirols.

30 Steintalspitzen, 2741 m

Anspruchsvolle Steilabfahrt in großer Einsamkeit

Haggen – Hinterzwing – Steintalboden – Steintalspitzen

Talort: St. Sigmund, 1513 m. 21 km von der Ausfahrt »Kematen/Sellrain« der Inntal-Autobahn. Nähere Angaben S. 27.

Ausgangspunkt: Haggen, 1646 m. 2 km von St. Sigmund in Richtung Kühtai. Kurze Stichstraße zum Gasthof Haggen, Parkplatz.

Höhenunterschied: 1095 Hm.

Gehzeiten für den Aufstieg: Haggen – Hinterzwing 1 Std., Hinterzwing – Steintalboden ½ Std., Steintalboden – Steintalspitzen 1½ Std.; Gesamtzeit 3 Std.

Anforderungen: Im letzten Teil des Anstiegs sehr steiles Gelände – bis zu 40°. Häufig Harscheisen oder Steigeisen erforderlich.

Hangrichtung: Aufstieg und Abfahrt vorwiegend Ost und Nord.

Lawinengefährdung: Häufig lawinengefährdet, in Jahren mit ungünstigem Schneedeckenaufbau erst im Frühjahr als Firn und nach einer kalten Nacht empfehlenswert.

Orientierung: Der Anstieg wird selten begangen. Die Orientierung ist bis weit hinauf einfach, dann ist es etwas schwierig, den »richtigen« Gipfel unter den vielen Zacken und Kuppen herauszufinden.

Günstige Zeit: März – Mai.

Variante: Pockkogel (2807 m) – ¼ Std. länger – SCHWARZ .

Es ist schon seltsam: Da ziehen die Anwärter auf den Zwieselbacher Roßkogel in langen Kolonnen taleinwärts, während die Steintalspitzen, großartige Skigipfel in unmittelbarer Nähe der Heerstraße, kaum Besuch erhalten.

Während des Anstieges zu den Steintalspitzen, im Hintergrund die Rotgrubenspitze.

Vom Gasthof mit geringem Höhengewinn etwa eine halbe Stunde taleinwärts. Man erreicht eine steile Schlucht, die »Untere Zwing«. Sie wird – je
nach den Verhältnissen mehr oder weniger mühsam – im späten Frühjahr
häufig zu Fuß mit aufgeschnallten Ski überwunden. Kurz danach, bei der
»**Hinterzwing**« (etwa 2020 m) zweigt man nach rechts vom vielbegangenen
Anstieg zum »Zwieselbacher« ins Steintal ab. In großer Einsamkeit steigt
man durch eine Folge herrlicher Mulden unterschiedlicher Steilheit auf. Ein
erholsames Zwischenstück geringerer Steilheit heißt »**Steintalboden**«. In
einer Höhe von etwa 2500 m hält man sich etwas links und erreicht über
einen ansehnlichen Steilhang die erste Kuppe der Steintalspitzen, eines
felsigen Rückens mit mehreren Erhebungen. Zu Fuß über Blöcke – etwas
Trittsicherheit erforderlich – zum Gipfel.
Die **Abfahrt** folgt dem Anstiegsweg.
Variante: Zum **Pockkogel** (2807 m) hält man sich in der Höhe von etwa
2500 m rechts und durchsteigt eine enge Steilrinne. Man kommt in eine
Einsattelung, über die man in die Westflanke queren kann. Steil über die
Flanke, zuletzt zu Fuß über unschwierige Blöcke zum Gipfel.

31 Zwieselbacher Roßkogel, 3081 m

Auf einen der beliebtesten Tourengipfel Tirols

Haggen – Untere Zwing – Obere Zwing – Kraspesferner – Zwieselbacher Roßkogel

Talort: St. Sigmund, 1513 m. 21 km von der Ausfahrt »Kematen/Sellrain« der Inntal-Autobahn. Nähere Angaben S. 27.
Ausgangspunkt: Haggen, 1646 m. 2 km von St. Sigmund in Richtung Kühtai. Kurze Stichstraße Gasthof, Parkplatz.
Höhenunterschied: 1435 Hm.
Gehzeiten für den Aufstieg: Haggen – Untere Zwing 1 Std., Untere Zwing – Obere Zwing 1 Std., Obere Zwing – Kraspesferner 1 Std., Kraspesferner – Zwieselbacher Roßkogel 1½ Std.; Gesamtzeit 4½ Std.
Anforderungen: Die beiden Zwingen sind enge Steilstufen, die im Aufstieg und in der Abfahrt Schwierigkeiten bereiten können.
Hangrichtung: Aufstieg und Abfahrt vorwiegend Nord.
Lawinengefährdung: Der Anstieg ist durch die vielen Begehungen weniger lawinengefährdet als man vermuten würde. Nach stärkeren Schneefällen ist insbesondere die Obere Zwing heikel.
Orientierung: Fast immer gut gespurt, auch wochentags viel begangen. Bei fehlenden Spuren ist die Orientierung nicht ganz einfach.
Günstige Zeit: Januar – Mai.

Im Anstieg zum Zwieselbacher Roßkogel.

Der Zwieselbacher Roßkogel gehört von dieser Seite her (aus dem Kraspestal) zu den beliebtesten Skigipfeln des Sellraintales, obwohl sich der Anstieg gehörig zieht und die Abfahrt einige Flachstücke (allerdings auch skiläuferische Höhepunkte) aufweist.

Von Haggen wandert man gemeinsam mit vielen Tourenfreunden durch das Kraspestal zur **Unteren Zwing**, einer steilen Schlucht. Nach dieser Steilstufe geht es wieder flach talein, bis man vor einem sperrenden Felsriegel rechtwinkelig nach links abbiegt. In einer Höhe von 2400 m muß man sich neuerlich durch eine Engstelle »zwängen« – die **Obere Zwing**. Nun folgt gemütlicheres Gelände bis zum **Kraspesferner**. Über diesen Gletscher steigt man bis in eine Höhe von 2850 m auf, umgeht in einem Rechtsbogen einen

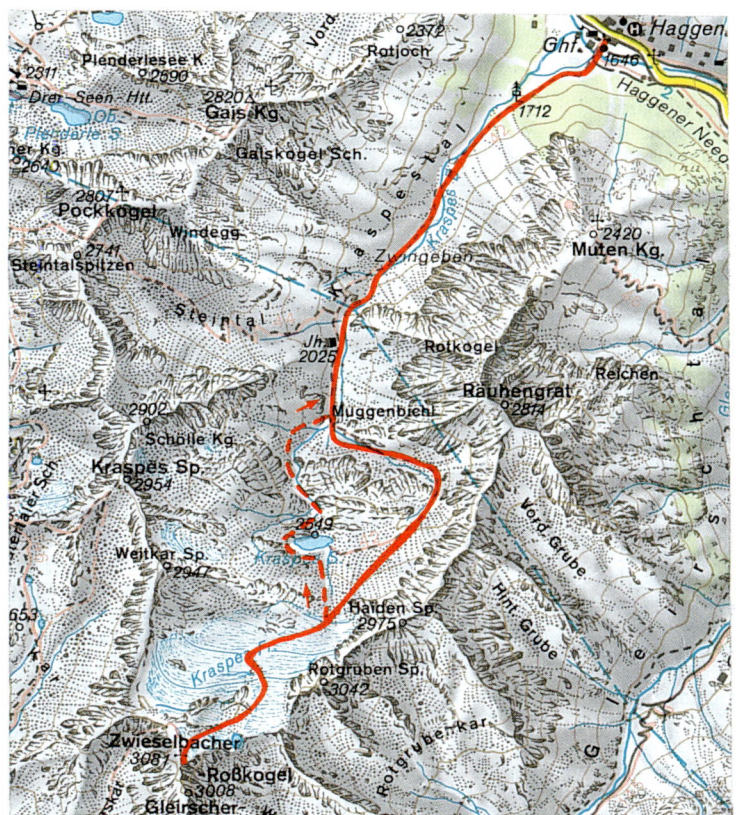

Felssporn und gelangt schließlich von Nord auf den Gipfel, bei günstigen Verhältnissen mit Ski.

Die **Abfahrt** folgt dem Anstiegsweg. Ausgezeichnete Skifahrer können bei sicheren Verhältnissen eine anspruchsvolle **Variante** wählen – SCHWARZ: Noch vor der Oberen Zwing nach links zum Kraspessee. Rechts einbiegend bietet sich die Möglichkeit, zwischen Felsen in eine steile Mulde einzufahren. Nach den Felsen quert man nach links einen steilen Hang (Abrutschgefahr bei Hartschnee!), bis man über prachtvolles Skigelände in den Talboden abfahren kann, den man oberhalb der Unteren Zwing erreicht.

32 Mittergrat, 2420 m

Wenig bekannte, kurze Skitour mit reizvoller Abfahrt

Haggen – Äußere Hirscheben – Mittergrat

Talort: St. Sigmund, 1513 m. 21 km von der Ausfahrt »Kematen/Sellrain« der Inntal-Autobahn. Nähere Angaben S. 27.
Ausgangspunkt: Kleiner Parkplatz unmittelbar nach dem Weiler Haggen (1646 m) links an der Straße nach Kühtai. 2 km von St. Sigmund.
Höhenunterschied: Etwa 770 Hm.
Gehzeiten für den Aufstieg: Haggen – Äußere Hirscheben 1 Std., Äußere Hirscheben – Mittergrat 1 Std.; Gesamtzeit 2 Std.
Anforderungen: Typische mittelschwere Skitour mit einigen Steilhängen, die technisches Können im Aufstieg und bei der Abfahrt erfordern.
Hangrichtung: Aufstieg und Abfahrt vorwiegend Ost.
Lawinengefährdung: Mitunter lawinengefährdet, insbesondere nach Schneefällen mit Windverfrachtung.
Orientierung: Bis zur Äußeren Hirscheben mitunter Abfahrtsspuren vom Gaißkogel, dann kann man kaum mit Spuren rechnen. Bei guter Sicht jedoch leicht zu finden, weil der »Mittergrat« deutlich als solcher zu erkennen ist.
Günstige Zeit: Februar – Mai.

Auch an schönen Sonntagen hat mancher Tourengeher das Bedürfnis, auf dem Gipfel allein zu sein. Das ist im Sellrain gar nicht einfach. Auf der Suche nach derartigen Gipfeln haben wir den unscheinbaren Mittergrat entdeckt, eine unbedeutende Erhebung mit einer (bei günstigen Schneeverhältnissen) reizvollen, großteils ziemlich steilen Abfahrt.

Vom kleinen Parkplatz oberhalb von **Haggen** leicht abwärts in das hier sehr breite Bachtal und über eine Brücke. Nach einem gemütlichen Anfang muß man sich bald über den ersten steilen Hang mühen. Nun folgt wieder flacheres Gelände: die **Äußere Hirscheben**, eine sanfte und weite Mulde.

Rechts sieht man einen deutlich ausgeprägten Rücken, unser Ziel. Der Mittergrat hat seinen Namen nicht von ungefähr. Er trennt die Vordere und die Hintere Hirscheben voneinander, ist also der »Grat in der Mitte«. In einer

Höhe von etwa 2150 m verläßt man das weite Tal. Es ist gut, hier bereits den höchsten Punkt des Mittergrates eindeutig zu identifizieren, weil man ihn im weiteren Anstieg zeitweise nicht mehr sieht. Über herrliches Skigelände steigt man – ziemlich steil – zum Rücken auf. Die letzten Meter müssen häufig zu Fuß (unschwierige Blöcke) zurückgelegt werden.
Die **Abfahrt** folgt dem Anstiegsweg.

Das ist der Gipfel: Der Mittergrat, ein wenig bekanntes Skiziel im Sellrain.

33 Rietzer Grießkogel, 2884 m

Beliebtester unter den vielen beliebten Skigipfeln des Sellraintales

Klammbachbrücke – Obere Zirmbachalm – Zirmbacher Narrenböden – Rietzer Grießkogel

Talort: St. Sigmund, 1513 m. 21 km von der Ausfahrt »Kematen/Sellrain« der Inntal-Autobahn. Nähere Angaben S. 27.
Ausgangspunkt: Brücke über den Klammbach, 5 km von St. Sigmund in Richtung Kühtai. Parkmöglichkeiten rechts an der Straße vor und nach der Brücke. Etwa 1860 m.
Höhenunterschied: 1024 Hm.
Gehzeiten für den Aufstieg: Klammbachbrücke – Obere Zirmbachalm 1 Std., Obere Zirmbachalm – Zirmbacher Narrenböden 1 Std., Zirmbacher Narrenböden – Rietzer Grießkogel 1½ Std.; Gesamtzeit 3½ Std.
Anforderungen: Bis zum Skidepot mittelschwere Skitour ohne besondere Probleme. Der Gipfelanstieg über den Grat erfordert Trittsicherheit und Schwindelfreiheit.
Hangrichtung: Aufstieg und Abfahrt

vorwiegend Süd und Südwest. Abfahrtsvariante Ost und Nord.
Lawinengefährdung: Mitunter lawinengefährdet, nicht nur nach stärkeren Schneefällen, sondern auch bei starker Erwärmung. Tageserwärmung beachten – die sonnseitige Lage der Abfahrt bewirkt eine frühzeitige Aufweichung der Schneedecke!
Orientierung: Meist auch an Wochentagen begangen. Bei fehlender Spur ist die Orientierung nicht ganz einfach.
Günstige Zeit: Dezember – Mai.
Variante: Abfahrt nach Flaurling (675 m) im Inntal – 2000 Höhenmeter!

Vom Parkplatz bei der **Brücke** steigt man Richtung Nordost auf, um das schluchtartig eingeschnittene Bachbett des Klammbaches, das »Klammi«, zu umgehen. Nach ¼ Std. kann man sich wieder links halten und oberhalb des Klammbaches mit geringem Höhengewinn talein wandern. Den Talboden erreicht man in einer Höhe von 2180 m. Hierher kommt man auch auf der anderen Bachseite, wenn man weiter Richtung Kühtai fährt und nach einer Lawinengalerie parkt. Auf einer Werkstraße der TIWAG (Tiroler Wasserkraft AG) bewältigt man den ersten Teil des Anstiegs; etwas bequemer, aber von den steilen Ostflanken des Kleinen Mugkogels mitunter von Lawinen bedroht (tödlicher Unfall vor einigen Jahren). Man befindet sich nun auf den weiten Böden der **Oberen Zirmbachalm**. In einem weiten Bogen steigt man über mittelsteile Hänge zu den **Zirmbacher Narrenböden** auf. Diese flachen Böden verfolgt man Richtung Nordost, bis es möglich ist, nach einem Steilhang oberhalb eines Felsabbruches (»Bachwandlen«) in einer Mulde zum Westgrat aufzusteigen. **Skidepot**. Über den blockigen Grat, der etwas Trittsicherheit und Schwindelfreiheit erfordert, erreicht man das mächtige Gipfelkreuz.

Die **Abfahrt** folgt dem Anstiegsweg. Bei sicheren Schneeverhältnissen kann man von den Zirmbacher Narrenböden unmittelbar in den Talboden abfahren.

Variante: Eine großartige Abfahrtsvariante führt nach **Flaurling** (675 m) im Inntal. Dazu nicht ganz bis zu den Zirmbacher Narrenböden abfahren und in einer Höhe von etwa 2250 m links halten. Richtung Ost erreicht man das **Törl** (2649 m). Durch eine herrliche Steilmulde, später über mittelsteile Hänge fährt man zur Flaurlinger Alm (1614 m) ab. Weiter geht es leider über eine Almstraße. Liegt im Inntal noch Schnee, bilden schöne Bauernwiesen den Abschluß. Für diese Abfahrt fährt man am besten von Innsbruck mit dem Autobus ins Kühtai und kehrt mit der Bahn nach Innsbruck zurück.

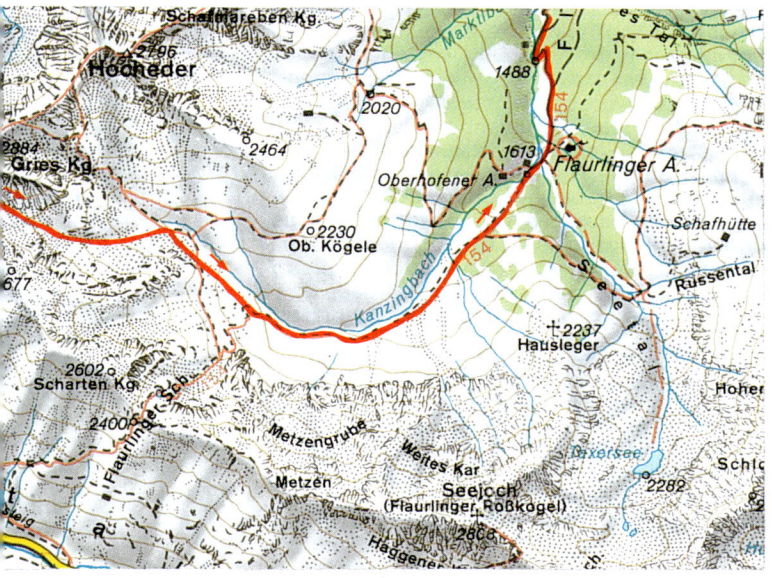

34 Mitterzaigerkopf, 2628 m

Ausweichtour bei Schlechtwetter oder großem Andrang zum Rietzer Grießkogel

Klammbachbrücke – Obere Zirmbachalm – Kreuzjoch – Mitterzaigerkopf

Talort: St. Sigmund, 1513 m. 21 km von der Ausfahrt »Kematen/Sellrain« der Inntal-Autobahn. Nähere Angaben S. 27.
Ausgangspunkt: Brücke über den Klammbach, 5 km von St. Sigmund in Richtung Kühtai. Parkmöglichkeiten rechts an der Straße vor und nach der Brücke. Etwa 1860 m.
Höhenunterschied: 768 m.
Gehzeiten für den Aufstieg: Klammbachbrücke – Obere Zirmbachalm 1 Std., Obere Zirmbachalm – Kreuzjoch 1¼ Std., Kreuzjoch – Mitterzaigerkopf ¼ Std.; Gesamtzeit 2½ Std.
Anforderungen: Bis zum Skidepot ohne besondere Schwierigkeiten, für Anfänger gut geeignet. Vom Kreuzjoch zum Gipfel zu Fuß. Grat mitunter überwächtet, jedoch meist gute Stapfspuren.
Hangrichtung: Aufstieg und Abfahrt vorwiegend Süd.
Lawinengefährdung: Bei vernünftiger Wahl der Anstiegs- und Abfahrtsspur kaum lawinengefährdet.
Orientierung: An schönen Sonn- und Feiertagen mit Sicherheit begangen. Orientierung auch bei fehlender Spur

verhältnismäßig einfach.
Günstige Zeit: Dezember – Mai.
Variante: Kreuzjochkogel (2746 m), ½ Std., länger. Schwieriger Steilhang – SCHWARZ.

Der Mitterzaigerkopf eignet sich dafür, Kinder für den Tourenskilauf zu begeistern. Der Aufstieg zum Skidepot dauert nicht allzulange. Von hier führt ein recht alpin wirkender (und doch verhältnismäßig harmloser) Grat, mitunter überwächtet, zum Gipfel.

Vom Parkplatz bei der **Brücke** steigt man (im Anstiegssinne) rechts vom Bach auf und überwindet dadurch das schluchtartig eingeschnittene Bachbett. Oberhalb der Schlucht hält man sich wieder links und wandert taleinwärts. Man erreicht die **Obere Zirmbachalm**. Im Norden steht nun der Kreuzjochkogel vor uns. An seinem Fuß verzweigt sich der Weg. Nach rechts geht es zu den Zirmbacher Narrenböden und weiter zum Rietzer Grießkogel. Wir steigen nach links auf und erreichen durch eine Südostmulde das **Kreuzjoch** (2556 m). Man kann dem Mitterzaigerkopf auch noch näher auf den Pelz rücken, wenn man sich unterhalb des Jochs links hält und über eine

Rücken bis zum Ansatz des Nordgrates aufsteigt. **Skidepot**. Der Nordgrat ist mitunter verwächtet, an und für sich aber unschwierig. Zumeist in guten Stapfen erreicht man den Gipfel.

Die **Abfahrt** folgt dem Anstiegsweg.

Variante: Vom Kreuzjoch über den Grat mit aufgeschnallten Ski zum **Kreuzjochkogel** (2746 m). Abfahrt über die sehr steile Südflanke.

In Bildmitte der Gipfelgrat des Mitterzaigerkopfes, der hier wilder aussieht, als er ist.

35 Schartenkogel, 2602 m

Steiler Südanstieg mit einer Riesenabfahrt über fast 2000 Höhenmeter!

Klammbachbrücke – Wegweiser – Flaurlinger Scharte – Schartenkogel

Talort: St. Sigmund, 1513 m. 21 km von der Ausfahrt »Kematen/Sellrain« der Inntal-Autobahn. Nähere Angaben S. 27.

Ausgangspunkt: Brücke über den Klammbach, 5 km von St. Sigmund in Richtung Kühtai. Parkmöglichkeiten rechts an der Straße vor und nach der Brücke. Etwa 1860 m.

Höhenunterschied: 742 Hm im Aufstieg; 1927 Hm in der Abfahrt.

Gehzeiten für den Aufstieg: Klammbachbrücke – Wegweiser ½ Std., Wegweiser – Flaurlinger Scharte 1 Std., Flaurlinger Scharte – Schartenkogel ½ Std.; Gesamtzeit 2 Std.

Anforderungen: Der Aufstieg führt über ausgesprochen steile Hänge, die wegen der sonnseitigen Lage am Morgen verharscht sind. Harscheisen sind in diesem Falle erforderlich. Keine Skitour für Anfänger!

Hangrichtung: Aufstieg Süd, Abfahrt Nordost und Nord.

Lawinengefährdung: Häufig lawinengefährdet, stabile Schneeverhältnisse sind unbedingt erforderlich! Im Frühjahr bei Firn und nach einer kalten Nacht ist der Anstieg natürlich lawinensicher, die Abfahrt jedoch meist nur mehr bis zur Flaurlinger Alm (1614 m) möglich.

Günstige Zeit: Für die Abfahrt nach Flaurling Dezember – März, für die Abfahrt zum Ausgangspunkt (SCHWARZ!) Februar – Mai.

*Auf dem Anstieg zum Flaurlinger Schartenkogel. In der Bildmitte liegt Kühtai;
darüber erheben sich Acherkogel und am linken Bildrand der markante Zwölferkogel.*

Früher gab es eine ganze Reihe großer Abfahrten, die über satte 2000
Höhenmeter ins Inntal hinunterführten. Die meisten von ihnen sind unbefahr-
bar, weil die Waldschneisen zugewachsen sind. Die Abfahrt vom Schartenkogel bietet dieses Erlebnis heute noch.

Wie beim Anstieg zum Rietzer Grießkogel über den ersten Aufschwung und
– hier viele, viele Spuren – talein. Bei einem **Wegweiser** zweigen wir nach
rechts ab. Einem ziemlich steilen Aufstieg folgt die Querung mehrerer steiler
Rinnen in Richtung Ost, bis man verhältnismäßig einfach zur **Flaurlinger
Scharte** aufsteigen kann. Von der Scharte über den steilen Südrücken zum
Schartenkogel.

Die **Abfahrt** führt zunächst zurück in die Scharte. Hier beginnt die großartige
Riesenabfahrt: Zunächst steil durch eine Mulde Richtung Nordost in den
Talboden und in schöner Fahrt zur Flaurlinger Alm (1614 m). Leider ist jetzt
eine etwas langweilige Almstraße nicht vermeidbar. Liegt jedoch im Inntal
noch Schnee, bilden schöne Bauernwiesen den Abschluß. Hat man diese
Abfahrt vor, fährt man am besten von Innsbruck mit dem Autobus ins Kühtai
und kehrt man mit der Bahn nach Innsbruck zurück.

Will man zum Ausgangspunkt zurückkehren, ist es auch möglich, vom
Schartenkogel über den Kamm unschwierig zum **Windegg** (2620 m) weiter-
zugehen. Von hier kann man unmittelbar durch eine steile Rinne abfahren –
SCHWARZ.

36 Pirchkogel, 2828 m

Beliebter Aussichtsgipfel – großartige Abfahrtsmöglichkeiten!

Bergstation Hochalterkar – Limnologische Station – Pirchkogel

Die Westabfahrt vom Pirchkogel – von der hier ein Teil einzusehen ist – führt entweder nach Mareil oder Marlstein, in beiden Fällen zuletzt über steile Südhänge. Die lange Abfahrt vom Rücken nach rechts ins Inntal ist nicht zu empfehlen, da die ehemaligen Waldschneisen weitgehend zugewachsen sind.

Talort: Kühtai, 2017 m. 29 km von der Ausfahrt »Kematen/Sellrain« der Inntalautobahn. Nähere Angaben S. 27

Ausgangspunkt: Bergstation der Vierer-Sesselbahn »Hochalterkar« (etwa 2460 m). Hierher zu Fuß 1 Std.

Höhenunterschied: Im Aufstieg etwa 410 Hm; Abfahrt über 812 Hm und mehr (je nach Abfahrtsvariante).

Gehzeiten für den Aufstieg: 1 Std. von der Limnologischen Station.

Anforderungen: Mit Ausnahme eines Steilhanges unschwierige Skitour, auch für Anfänger geeignet.

Hangrichtung: Aufstieg und Abfahrt vorwiegend Ost.

Lawinengefährdung: Bei vernünftiger Spurwahl kaum lawinengefährdet. Schneebrettgefahr nach Schneefällen mit Windverfrachtung.

Orientierung: Auch an Wochentagen viel begangen. Auch bei fehlender Orientierung verhältnismäßig einfach.

Günstige Zeit: Dezember – Mai.

Varianten: a) Westabfahrt nach Marlstein – ROT. b) »Große Pirchkogelrundfahrt« – SCHWARZ, häufig lawinengefährdet (Schneebrettlawinen im Schneetal, Naßschneerutsche bei der Querung zum Kreuzjoch), 2 Std. zusätzlicher Aufstieg.

Anmerkung: Von der früher geschätzten Abfahrt nach Haiming im Inntal ist abzuraten. Die Waldschneisen sind zugewachsen oder wurden aufgeforstet.

Der Pirchkogel ist eine wahre Genußtour, weil man sich den Anstieg durch einen Sessellift verkürzen und die Abfahrt auf mehrere Arten verlängern kann. Links des Gipfels der Hintere Grießkogel.

Der Pirchkogel ist der vielseitigste Gipfel im Sellraintal. Skigenuß vermittelt er schon deshalb, weil die Vierer-Sesselbahn »Hochalterkar« dafür sorgt, daß die Abfahrtsfreuden in jedem Falle größer sind als die Anstiegsmühen. Das ist auch der Grund, warum einheimische Eltern ihre Sprößlinge zunächst einmal auf den Pirchkogel führen, um sie mit dem Tourenskilauf bekannt zu machen.

Die Fortgeschrittenen wählen eine Abfahrt, die aussichtsreich hoch über dem Inntal auf einem Westrücken nach Marlstein führt. Selbst die »Meister der Skitourenzunft« kommen auf ihre Rechnung. Sie fahren durch ein großartiges Kar (Schneetal) zur Stammer Alm ab, steigen (heikel!) zum Kreuzjoch auf und haben dann noch eine schöne sonnseitige Abfahrt vor sich.

Von der **Bergstation** fährt man auf der westseitigen Piste ab, verläßt sie jedoch bereits bei der ersten Kurve nach rechts, quert die Hänge unterhalb

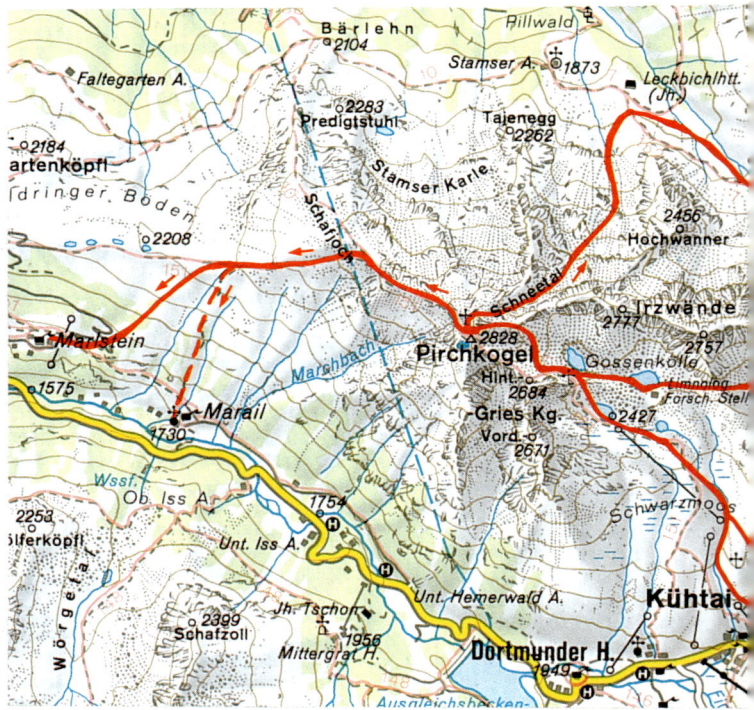

der Irzwände und kommt zu einem kleinen See. Hier befindet sich eine **Limnologische Forschungsstation** der Universität Innsbruck. Unser Anstieg führt Richtung West über einen sanften Rücken, dann durch die steile Flanke des Hinteren Grießkogels zum breiten Gipfelhang. Über diesen Osthang erreicht man einen Rücken und bald darauf den höchsten Punkt.

Die **Abfahrt** folgt dem Anstiegsweg und mündet dann in die Piste ein.

Varianten:

a) »**Westabfahrt« zum Gasthof Marlstein**. Richtung Nordwest über den Rücken (leider häufig verblasen), dann über schönes Skigelände Richtung West bis in eine Höhe von 2200 m. Von hier fährt man über herrliche Steilhänge Richtung Südwest zum Gasthof Marlstein (1760 m) ab. Wer es noch steiler liebt, hält sich bereits höher oben links und fährt unmittelbar durch steile Tobel nach Mareil (1730 m) ab – SCHWARZ. Über einen

Fahrweg erreicht man wenig später die Fahrstraße (5 km unterhalb der Paßhöhe).

b) »**Große Pirchkogel-Rundfahrt«**. Vom Gipfel fährt man Richtung Nord über den Rücken, bis man aus einer Einsattelung Richtung Nordost in das »Schneetal« einfahren kann, eine schattseitig und windgeschützt gelegene steile Mulde. In einer Höhe von etwa 2000 m etwas rechts haltend, erreicht und überquert man einen Rücken. Nun fährt man mit möglichst geringem Höhenverlust in den Talboden des Stammer Baches ab.

Anfellen. Im Talboden steigt man Richtung Südost bis in eine Höhe von 2260 m auf. Hier hält man sich links und überwindet einen steilen Hang.

Aus einer weiten Mulde holt man weit nach links aus und erreicht in einem Rechtsbogen (sehr heikle Hangquerung!) das **Kreuzjoch** (2556 m). Durch eine schöne Südostmulde in den Talboden des Klammbaches und zur Fahrstraße. Zum Ausgangspunkt mit Autostopp oder in 40 Minuten zu Fuß.

37 Grießkogelscharte, 2586 m

Hier finden Kinder Geschmack an einer Skitour!

Bergstation »Hochalterkar« – Bergstation »Schwarzmoos« – Grießkogelscharte

Talort: Kühtai, 2017 m. 29 km von der Ausfahrt »Kematen/Sellrain« der Inntalautobahn. Nähere Angaben S. 27.

Ausgangspunkt: Bergstation der Vierer-Sesselbahn »Hochalterkar« (etwa 2460 m). Hierher zu Fuß 1½ Std.

Höhenunterschied: Etwa 300 Hm im Aufstieg; knapp 600 Hm in der Abfahrt.

Gehzeiten für den Aufstieg: 1 Std. von der Bergstation des Schlepplifts »Schwarzmoos«. Ohne Benützung von Aufstiegshilfen 2 Std. von der Paßhöhe.

Anforderungen: Leichte Skitour, lediglich unmittelbar unter der Scharte etwas steiler. Geeignet für Anfänger im Tourenskilauf, wegen der Kürze und der wesentlich längeren Abfahrt vor allem auch für Kinder.

Hangrichtung: Aufstieg und Abfahrt vorwiegend Ost und Süd.

Lawinengefährdung: Bei vernünftiger Anlage der Anstiegs- bzw. der Abfahrtsspur kaum lawinengefährdet. Lediglich nach stärkeren Schneefällen mit Windverfrachtung ist unterhalb der Scharte Vorsicht geboten.

Orientierung: Spuren in der Regel vorhanden. Auch ohne Spur problemlos, da der gesamte Anstieg von der Bergstation des Schlepplifts »Schwarzmoos« eingesehen werden kann.

Günstige Zeit: Dezember – Mai.

Varianten: a) Hinterer Grießkogel (2684 m) ½ Std. länger, leichte Kletterei über Blockwerk. b) Vorderer Grießkogel (2671 m) als Draufgabe, 1 Std. länger – SCHWARZ.

Der kurze Anstieg aus dem Liftgebiet zur Grießkogelscharte eignet sich auch für Kinder, nach dem Motto »viel Abfahrt für geringe Anstiegsmühe«.

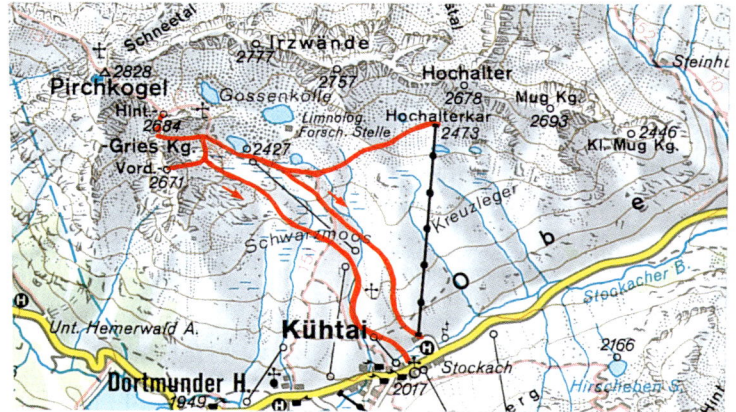

Im Sellraintal finden sich viele kurze Anstiege, die sich dafür eignen, Kinder zu einer Skitour zu verlocken. Dazu gehört im Bereich des Kühtais (neben dem Pirchkogel und der Mute) auch die Grießkogelscharte. Das Erlebnis kann noch gesteigert werden, wenn das Kind angeseilt wird und man in leichter Blockkletterei zum »dazugehörenden Gipfel«, dem Hinteren Grießkogel, aufsteigt.

Ein ganz anderes Gesicht zeigt der Vordere Grießkogel, den man mühelos »mitnehmen« kann, wenn die Schneeverhältnisse sicher genug sind und das skitechnische Können für eine »Mini-Steilflanke« ausreicht. Diese Ostflanke ist zumeist noch im Mai befahrbar – ein Tip für die ruhige Zeit im Kühtai, nach dem Ende der Skisaison.

Von der **Bergstation »Hochalterkar«** auf der westlichen Piste zum Schlepplift **»Schwarzmoos«** und zur **Bergstation**. Von der Bergstation mit geringem Höhenverlust Richtung West, dann allmählich steiler in einer schönen Mulde zur Scharte.

Die **Abfahrt** folgt dem Anstiegsweg und mündet in die Piste ein.

Varianten: a) **Hinterer Grießkogel** (2684 m). Über Blöcke und Firn des Südgrates bzw. der Südostflanke (I). Bei Vereisung etwas heikel. Trittsicherheit und Schwindelfreiheit erforderlich. Kinder anseilen. Bei Kindern dient das nicht nur der Sicherung, sondern steigert das Bergerlebnis für die Jungalpinisten.

b) **Vorderer Grießkogel** (2671 m) als Draufgabe. Von der Scharte abfahren, bis man nach rechts zur steilen Ostflanke des Vorderen Grießkogels queren kann. Über diese Flanke zum Gipfel. Die **Abfahrt** erfolgt über die steile Ostflanke zur Piste.

38 Hochalter, 2678 m

Viel Abfahrt für einen Mini-Anstieg

Bergstation »Hochalterkar« – Hochalter – Steinhüttl – Klammbachbrücke

Talort: Kühtai, 2017 m. 29 km von der Ausfahrt »Kematen/Sellrain« der Inntalautobahn. Nähere Angaben S. 27.
Ausgangspunkt: Bergstation der Vierer-Sesselbahn »Hochalterkar« (etwa 2460 m). Hierher zu Fuß 1½ Std.
Höhenunterschied: Etwa 200 Hm im Aufstieg; 813 Hm in der Abfahrt.
Gehzeit für den Aufstieg: ½ Std.
Anforderungen: Kurzer, aber sehr steiler Aufstieg, evtl. zu Fuß mit aufgeschnallten Ski. Häufig sind gute Stapfen vorhanden. Abfahrt teilweise steil und felsdurchsetzt – kontrolliertes Skifahren ist gefragt.
Hangrichtung: Aufstieg Süd, Abfahrt vorwiegend Nordost.
Lawinengefährdung: Häufig lawinengefährdet, die Abfahrt darf nur bei stabilen Schneeverhältnissen unternommen werden.
Orientierung: Der Aufstieg ist problemlos, da von der Bergstation der Seilbahn aus einzusehen. Die Abfahrt wird zwar (zumeist von Gruppen mit einheimischen Skiführern) befahren, doch können nach einem Schneefall mehrere Tage lang Spuren fehlen. Hat man die richtige Einfahrt erwischt, ist die Orientierung verhältnismäßig einfach. Dennoch keine Abfahrt für wenig erfahrene Tourengeher!

Weder der Aufstieg zum noch die Abfahrt vom Hochalter sind etwas für Anfänger im Tourenskilauf. Wer über die entsprechende Felltechnik bzw. Trittsicherheit verfügt, wird jedoch mit Vergnügen von der Bergstation zum Gipfel aufsteigen und durch ein einsames Kar – eindrucksvoller Gegensatz zum wirbeligen Pistenbetrieb! – abfahren.

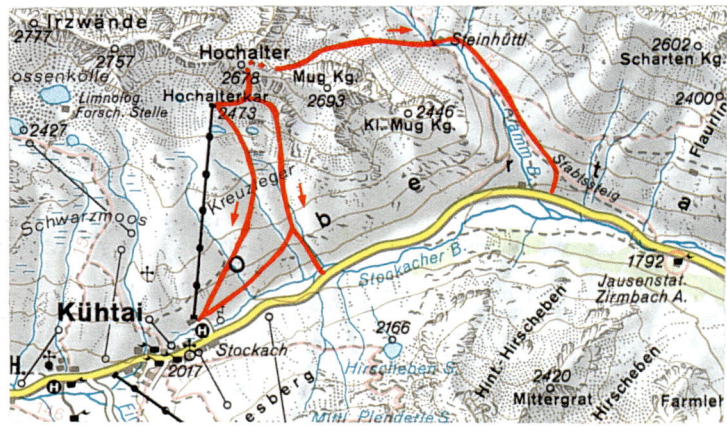

Spät im Jahr beim Aufstieg zum Hochalter – es ist bereits Ende Mai.

Von der **Bergstation** der Sesselbahn »**Hochalterkar**« steigt man über einen sehr steilen Südhang zum Gipfel auf – Abrutschgefahr bei Hartschnee. Den höchsten Punkt erreicht man zuletzt etwas von rechts (Ost) her.
Die **Abfahrt** beginnt in der Einsattelung zwischen **Hochalter** und Mugkogel, zu der man meist zu Fuß absteigt. Sie führt zunächst Richtung Nordost durch eine Mulde. Nach einem kleinen, fast ebenen Boden hält man sich stärker rechts und fährt zwischen Felsen in einen ziemlich steilen Hang ein. Über diesen Hang erreicht man den Talboden, fährt zum »Grünbödele« und weiter hinaus zum »Steinhüttl«. Durchwegs prächtiges Skigelände! Man überquert den Klammbach und fährt auf der orographisch linken Talseite oberhalb einer Schlucht, dem »Klamml«, zur Fahrstraße ab.
Rückkehr zum Ausgangspunkt: Nach Kühtai wären es von hier etwa 40 Minuten zu Fuß, doch findet sich meist rasch ein mildtätiger Skifreund, der uns in seinem Auto zur Sesselbahn »Hochalterkar« zurückbringt.
Anmerkung: Die Abfahrt ist auch zum Ausgangspunkt lohnend und touren-mäßig möglich, wenn man sich stets weit genug links von der Piste hält. Im obersten Teil SCHWARZ!

39 Sulzkogel, 3016 m

Beliebteste Skitour im Finstertal – viel begangen und häufig unterschätzt

Parkplatz Sesselbahn »Drei Seen« – Finstertaler Stausee – Gamezkogelferner – Sulzkogel

Talort: Kühtai, 2017 m. Siehe auch Tour 38. Nähere Angaben S. 27.

Ausgangspunkt: Parkplatz etwas unterhalb von Kühtai bei der neuen Vierer-Sesselbahn »Drei Seen«, 1950 m.

Höhenunterschied: 1066 Hm.

Gehzeiten für den Aufstieg: Parkplatz – Finstertaler Stausee 1 Std., Finstertaler Stausee – Gamezkogelferner 2 Std., Gamezkogelferner – Sulzkogel 1 Std.; Gesamtzeit 4 Std.

Anforderungen: Der vielbegangene Anstieg zum Sulzkogel wird häufig unterschätzt, sowohl was Länge und Schwierigkeit als auch was die Lawinengefährdung betrifft. Der Anstieg weist zwei Steilstufen auf, die im Aufstieg wie auch in der Abfahrt einiges Können erfordern. Vom Skidepot zum Gipfel dagegen problemloses Stapfen.

Hangrichtung: Vorwiegend Ost, Nord.

Lawinengefährdung: Nach Schneefällen mit Windverfrachtung und im Frühjahr nach einem Wärmeeinbruch mitunter lawinengefährdet. Nach Südost gerichteter Gipfelhang – Tageserwärmung beachten!

Orientierung: An schönen Wochenenden mit Sicherheit, zumeist jedoch auch an Wochentagen begangen. Bei fehlender Spur erfordern Orientierung und Spuranlage einen erfahrenen Tourengeher.

Günstige Zeit: Februar – Mai, nach einem schneereichen Winter Abfahrt noch im Juni bis in den Talboden möglich.

Der Sulzkogel ist ein beliebter Skigipfel. Seit die beiden Finstertaler Seen zu einem Stausee vereinigt sind, müssen Tourengeher in die steile (und oft unangenehm vereiste) Flanke ausweichen.

Beim **Parkplatz** beginnt eine Werkstraße der TIWAG (Tiroler Wasserkraft AG). Auch wenn diese Straße bereits befahrbar ist, darf sie von Betriebsfremden nicht benützt werden (Fahrverbot, Schranke). Auf dieser Werkstraße

Das waren noch Winter, als das Gipfelkreuz auf dem Sulzkogel noch im Juni tief im Schnee verborgen war.

geht es gemütlich bergan. Den Anstieg kann man sich um eine halbe Stunde verkürzen, wenn man den nahe beim Parkplatz gelegenen Schlepplift »Alpenrose« benützt. Von dessen Bergstation kann man nach links zur Werkstraße queren. Man erreicht die Straße in einer scharfen Linkskurve. In beiden Fällen geht es nun weiter bis zu einem Tunnel, dann unmittelbar hinauf zur Staumauer des **Speichers Finstertal**. Wer es steiler und direkter liebt, verläßt die Fahrstraße bereits bei der ersten Kehre, hält sich links vom Bach und erreicht ziemlich geradlinig über steile Hänge die Staumauer. Diese Variante benützt man natürlich in jedem Falle bei der Abfahrt.

Früher überquerte man die beiden zugefrorenen Finstertaler Seen in ihrer Mitte. Sie sind nunmehr durch den Damm zu einem großen See aufgestaut. Die Überquerung ist zeitweise gefährlich, weil die Eisdecke einbrechen kann, wenn dem Speicher Wasser entnommen wurde. Die TIWAG hat deshalb einen Skiweg am Ostufer angelegt. Er ist etwas unbequem, weil er den steilen Hang quert, muß aber aus Sicherheitsgründen benützt werden (Hinweisschilder). Vom südl. Ende des Stausees steigt man Richtung Südsüdwest über die mittelsteilen Hänge des »Schaflegers« zu einem sperrenden Felsriegel auf. Dieser Felsriegel kann sowohl links als auch rechts umgangen werden. In derselben Grundrichtung geht es dann weiter zum **Gamezkogelferner**, einem kleinen Gletscherrest.

Über den Gletscher (nunmehr Richtung West) in sanftem Anstieg, dann aber sehr steil über einen Südosthang zu einer Einsattelung zwischen Gamezkogel und Sulzkogel. Über den Südrücken steigt man noch möglichst hoch mit Ski auf. **Skidepot**. Über Blockwerk unschwierig zum Gipfel.

Die **Abfahrt** folgt dem Anstiegsweg.

40 Finstertaler Schartenkopf, 2855 m

Lohnende Alternative mit prächtiger Abfahrtsvariante zum häufig überlaufenen Sulzkogel

Parkplatz beim Sessellift »Drei Seen« – Finstertaler Stausee – Schafleger – Finstertaler Scharte – Finstertaler Schartenkopf

Talort: Kühtai, 2017 m. 29 km von der Ausfahrt »Kematen/Sellrain« der Inntalautobahn. Nähere Angaben S. 27.
Ausgangspunkt: Parkplatz etwas unterhalb von Kühtai bei der neuen Vierer-Sesselbahn »Drei Seen«, 1950 m.
Höhenunterschied: 905 Hm.
Gehzeiten für den Aufstieg: Parkplatz – Finstertaler Stausee 1 Std., Stausee – Schafleger ¾ Std., Schafleger – Finstertaler Scharte 1¼ Std., Scharte – Finstertaler Schartenkopf ¼ Std.; Gesamtzeit 3¼ Std.
Anforderungen: Steilhang unterhalb der Finstertaler Scharte. Für die Querung oberhalb des Stausees sind bei Hartschnee Harscheisen angenehm.

Hangrichtung: Vorwiegend Nord.
Lawinengefährdung: Mitunter lawinengefährdet. Die heikelste Stelle ist der Steilhang unterhalb der Finstertaler Scharte.
Orientierung: An schönen Wochenenden wird der Anstieg mit Sicherheit begangen. Orientierung verhältnismäßig einfach – nach der Abzweigung von der »Hauptstraße« zum Sulzkogel und dem ersten steilen Hang durchwegs in einer Mulde, die beiderseits von felsigen Flanken begrenzt wird.
Günstige Zeit: Dezember – Mai.
Variante: Abfahrt nach Niederthai (1538 m) – 1300 Hm.

Der Finstertaler Schartenkopf bietet eine ähnlich schöne Abfahrt wie der Sulzkogel, die aber viel seltener befahren wird. Der Grund ist vielleicht darin zu suchen, daß der Schartenkopf die magische Dreitausendermarke nicht erreicht, der Sulzkogel sie aber (wenn auch nur um 16 m) übertrifft.

Wie beim Anstieg zum Sulzkogel (vgl. Tourenvorschlag 39) zum südlichen Ende des Stausees. Nun steigt man über die Hänge des **Schaflegers** auf, zweigt aber in einer Höhe von 2400 m Richtung Ost ab. Der Anstieg verläuft nun durchwegs in einer Mulde, die man in einem weiten Rechtsbogen bis zur **Finstertaler Scharte** (2777 m) ausgeht. Herrliches Skigelände!

Gute Fellgeher queren von der Scharte in die Südflanke und erreichen steil, aber ohne Schwierigkeiten, den Gipfel. Oder: Zu Fuß über die unschwierigen Blöcke des Ostgrates.

Die **Abfahrt** folgt dem Anstiegsweg.

Variante: Abfahrt nach **Niederthai** (1538 m). Empfohlen für »Autolose«. Höchster Skigenuß bei gutem Firn! Unmittelbar vom Gipfel (sehr steil) oder von der Scharte fährt man in das »Weite Kar« ein. Etwas oberhalb der Gubener Hütte erreicht man einen Fahrweg, über den man, im letzten Teil mit geringem Gefälle, nach Niederthai (1538 m) hinausfährt. Liegt auf der Fahrstraße kein Schnee mehr, bei der Gubener Hütte auf die andere Talseite wechseln, den Hang entlang reicht es zumeist noch bis zu den Larstighöfen (1777 m). Busverbindung nach Ötztal-Bahnhof.

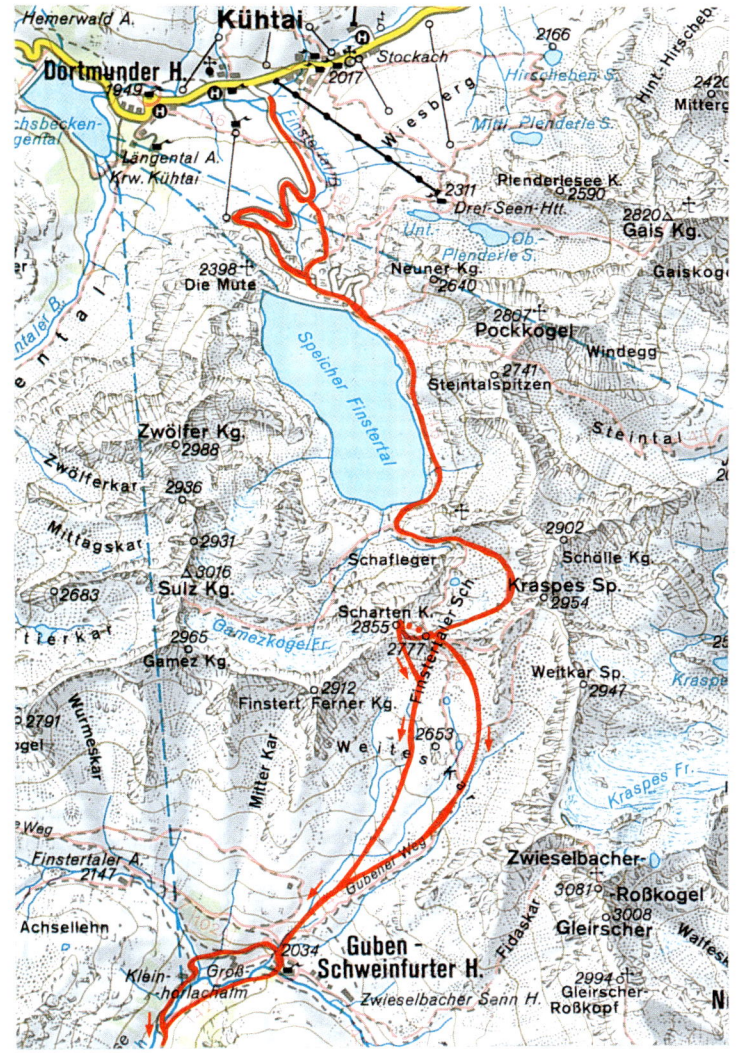

41 Kraspesspitze, 2954 m

Prachtvolle Rundfahrt – aus dem Finstertal ins Kraspestal

Parkplatz Sessellift »Drei Seen« – Finstertaler Stausee – Schafleger – Finstertaler Scharte – Tote Böden – Kraspesspitze – Kraspessee – Kraspestal – Haggen

Talort: Kühtai, 2017 m. 29 km von der Ausfahrt »Kematen/Sellrain« der Inntalautobahn. Nähere Angaben S. 27.

Ausgangspunkt: Parkplatz etwas unterhalb von Kühtai bei der neuen Vierer-Sesselbahn »Drei Seen«, 1950 m.

Höhenunterschied: 1004 Hm im Aufstieg; 1460 Hm in der Abfahrt.

Gehzeiten für den Aufstieg: Parkplatz – Stausee 1 Std., Stausee – Finstertaler Scharte 2 Std., Finstertaler Scharte – Kraspesspitze 1 Std.; Gesamtzeit 4 Std.

Anforderungen: Schwierige Skitour, die alpine Erfahrung oder entsprechend fachkundige Begleitung voraussetzt. Die Abfahrt von der Kraspesspitze ins Wilde Kar ist steil. Kontrollierte Fahrweise (= gute Skitechnik!) nötig.

Hangrichtung: Aufstieg Nord und Süd, Abfahrt vorwiegend Ost und Nord.

Lawinengefährdung: Häufig lawinengefährdet, stabile Schneeverhältnisse sind unbedingt erforderlich. Am heikelsten sind der Steilhang unterhalb der Finstertaler Scharte und vor allem der erste Teil der Abfahrt von der Kraspesspitze.

Orientierung: Ab der Finstertaler Scharte kann man auch an schönen Wochenenden nicht mit Spuren rechnen. Die Orientierung ist bis zum Gipfel nicht besonders schwierig, die Spuranlage

Die Kraspesspitze ist ein »Stiefkind« unter den Skigipfeln des Sellraintales. Sie lohnt aber einen Besuch selbst dann, wenn man auf dem Anstiegsweg zum geparkten Auto abfährt (ROT) – vom Gipfel weg ein rassiger Südhang, nach einem kurzen Gegenanstieg zur Scharte

erfordert aber einen erfahrenen Tourengeher. Ganz wichtig ist es, bei der Abfahrt ins Kraspestal die richtige Einfahrt (Einsattelung im Südostgrat bei P. 2910) zu finden!

Günstige Zeit: Februar – Mai.

prachtvolle Schattenhänge. Noch lohnender ist allerdings die hier beschriebene Rundfahrt, bei der lediglich die Einfahrt vom Gipfelgrat ins Kraspestal wirklich schwierig ist (SCHWARZ).

Wie beim Anstieg zum Sulzkogel (Tourenvorschlag 39) in Kehren auf der Fahrstraße oder links daneben im steilen Hang zur Staumauer und zum südl. Ende des **Stausees** (Speicher »**Finstertal**«). Über den »**Schafleger**«, dann nach links abzweigen und in einem weiten Rechtsbogen zur **Finstertaler Scharte**. Abfellen. Richtung Süd zu den flachen »**Toten Böden**« abfahrend queren. Links haltend zum Ende eines Felssporns (»**Langschrofen**«).

In der Mulde östl. des Langschrofens und südl. der Kraspesspitze steigt man bis in eine Höhe von etwa 2900 m auf und hält sich dann nach rechts zum

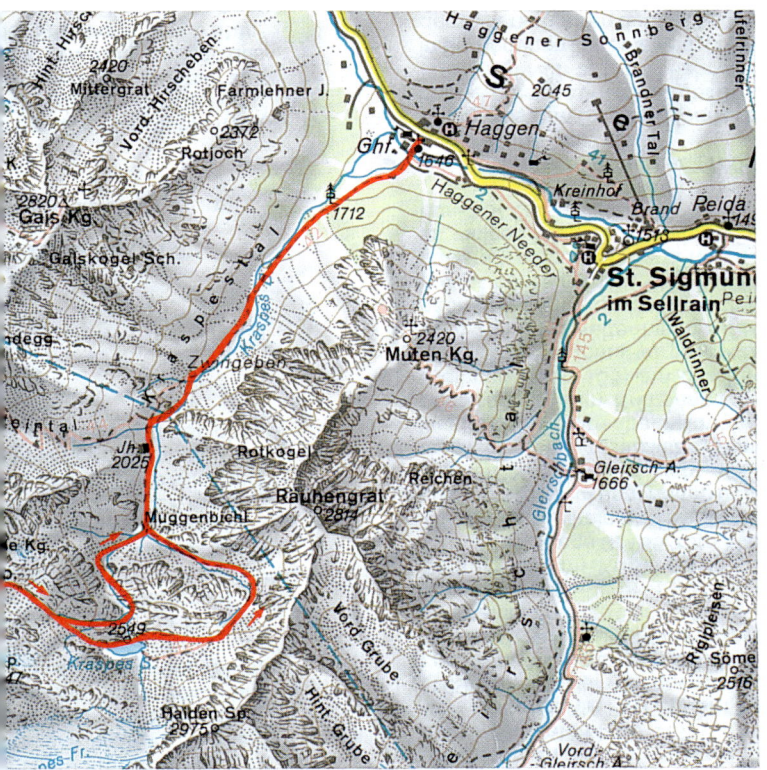

Im oberen Teil der Abfahrt von der Kraspesspitze ins Kraspestal.

Südostgrat. Über den Gratrücken zum Gipfel – bei günstigen Verhältnissen mit Ski.

Die **Abfahrt** ist selbstverständlich auch auf dem Anstiegsweg möglich und lohnend: reizvoller Wechsel von Firn (in der Südflanke der Kraspesspitze) und Pulver (von der Finstertaler Scharte bis zum Parkplatz beim Sessellift). Alpiner und aufregender ist allerdings die Abfahrt ins Kraspestal. Dazu kehrt man zunächst zu P. 2910, einer Einsattelung im Südostgrat, zurück. Von hier fährt man sehr steil Richtung Ost ins Wilde Kar und dann gemütlicher zum **Kraspessee** ab. Wenig später – nach einem kurzen Flachstück – stößt man auf die vielen Spuren der Besucher des Zwieselbacher Roßkogels. Durch die Obere Zwing und die Untere Zwing in den flachen unteren Talboden des **Kraspestales** und hinaus zum Weiler **Haggen**.

Ausgezeichnete Skiläufer können bei sicheren Schneeverhältnissen nach dem Wilden Kar eine besonders steile, anspruchsvolle und häufig lawinengefährdete Variante wählen. Aus dem Wilden Kar nicht zum Kraspessee queren, sondern dem Verlauf des Tales weiter folgen. Hier bietet sich überraschend die Möglichkeit, zwischen Felsen in eine steile Mulde einzufahren. Nach den Felsen quert man nach links einen steilen Hang (Abrutschgefahr bei Hartschnee!), bis man über prachtvolles Skigelände in den Talboden abfahren kann, den man oberhalb der Unteren Zwing erreicht. Durch diese enge Schlucht in den flachen Talboden und hinaus nach Haggen (1646 m). Am Gasthof vorbei zur Fahrstraße und zur Haltestelle. Mit dem Postbus (Linie 4166, eingeschränkter Betrieb nach Ende des Pistenbetriebes) zurück zum Ausgangspunkt.

Nach einer kurzen Abfahrt von der Finstertaler Scharte steigen wir über die mäßig steile Südflanke zur Kraspesspitze auf.

42 Pockkogel, 2807 m

Kurz, aber schwierig und anspruchsvoll: eine Skitour für Könner!

Parkplatz beim Sessellift »Drei Seen« – Finstertaler Stausee – Vorderes Karle – Pockkogel

Talort: Kühtai, 2017 m. 29 km von der Ausfahrt »Kematen/Sellrain« der Inntalautobahn. Nähere Angaben S. 27.

Ausgangspunkt: Parkplatz etwas unterhalb von Kühtai bei der neuen Vierer-Sesselbahn »Drei Seen«, 1950 m.

Höhenunterschied: 857 Hm.

Gehzeiten für den Aufstieg: Parkplatz – Finstertaler Stausee 1 Std., Stausee – Pockkogel 2 Std.; Gesamtzeit 3 Std.

Anforderungen: Schwierige Skitour. Die steilen Hänge erfordern einen gute Felltechnik beim Aufstieg, eine ebenso gute Skitechnik bei der Abfahrt. Am Gipfelgrat Trittsicherheit und Schwindelfreiheit erforderlich. Harscheisen sind oft empfehlenswert.

Hangrichtung: Vorwiegend Nord und West.

Lawinengefährdung: Häufig lawinengefährdet. Nur bei sehr stabilen Schneeverhältnissen möglich. Am günstigsten im Frühjahr bei Firn nach einer kalten Nacht.

Orientierung: Verhältnismäßig selten begangene Skitour. Bei fehlenden Spuren Orientierung verhältnismäßig einfach, jedoch erfordert die Spuranlage einen erfahrenen Tourengeher.

Günstige Zeit: Februar – Mai.

Variante: Neunerkogel (2642 m), ½ Std. kürzer, weniger schwierig.

Der Pockkogel ist ein Skigipfel für Könner. Wer aber den Schwierigkeiten gewachsen ist und gute Verhältnisse vorfindet, wird ihn zweifellos unter die »Skitouren für Genießer« einreihen.

Vom Parkplatz auf einer Werkstraße der TIWAG (wie bei Tourenvorschlag 39) zur **Staumauer** des Speichers »Finstertal«. Von der Staumauer quert man die steile Flanke oberhalb des Sees, steigt dabei jedoch (im Gegensatz zu den viel begangenen Anstiegen zum Sulzkogel und Finstertaler Schartenkopf) an. Man erreicht eine weite Karmulde und – über eine ordentliche Steilstufe! – ein weiteres Kar, das **Vordere Karle**.

Durch einen Felsgürtel muß man nun die Ski zumeist ein kurzes Stück tragen. Nun befindet man sich in einer westl. des Gipfels eingelagerten Mulde. Aus ihr steigt man in zunehmender Steilheit zum Gipfel auf. Zuletzt muß man in der Regel nach links zum Grat hinausqueren, das **Skidepot** errichten und die letzten Anstiegsmeter zu Fuß zurücklegen.

Die **Abfahrt** folgt dem Anstiegsweg.

Variante: Hat man sich für den **Neunerkogel** (2642 m) entschieden, hält man sich bereits ab der Staumauer weiter links und steigt über einen Rücken ziemlich unmittelbar, im letzten Teil sehr steil, zum Gipfel auf.

Über einen unschwierigen Blockgrat führt der allerletzte Teil des Anstiegs zum Pockkogel. Links der Bildmitte der Finstertaler Stausee, rechts davon der Speicher Längental. Darüber berühmte Skigipfel wie Schafzoll und Vordere Karlesspitze.

43 Die Mute, 2398 m

Unbedeutender Gipfel mit schöner Aussicht – geeignet für Kinder als Beginn einer Skitourenkarriere

Dortmunder Hütte – »Auf der Burg« – Die Mute

Talort: Kühtai, 2017 m. 29 km von der Ausfahrt »Kematen/Sellrain« der Inntalautobahn. Nähere Angaben S. 27.
Ausgangspunkt: a) Dortmunder Hütte, 1948 m. Etwas unterhalb der Paßhöhe in Richtung Ötztal. Großer Parkplatz.
b) Parkplatz etwas unterhalb von Kühtai bei der neuen Vierer-Sesselbahn »Drei Seen«, 1950 m oder bei der »Alpenrose«. Mit dem Schlepplift »Alpenrose« zur Bergstation (2160 m).
Höhenunterschied: Im Anstieg 450 Hm (a) bzw. 238 Hm (b); in der Abfahrt in beiden Fällen rund 450 Hm.
Gehzeiten für den Aufstieg: a) 1½ Std., b) 1 Std.
Anforderungen: Kurze und leichte Skitour. Für Anfänger und insbesondere für Kinder geeignet.
Hangrichtung: Vorwiegend Nord.
Lawinengefährdung: Bei vernünftiger Wahl der Anstiegs- und Abfahrtsspur kaum lawinengefährdet. Bei Schneebrettgefahr Respektabstand vom Kleinen Zwölferkogel erforderlich.
Orientierung: In der Regel gespurt. Bei fehlender Spur ist die Orientierung bei guter Sicht nicht schwierig. Bei schlechter

Sicht Vorsicht: Links Felsabbrüche, rechts könnte unter Umständen die steile Nordflanke des Kleinen Zwölferkogels gestört werden.
Günstige Zeit: Dezember – Mai.
Variante: Kleiner Zwölferkogel (2575 m). ½ Std. länger – SCHWARZ.

Die Mute war das erste Skitourenerlebnis für jedes meiner Enkelkinder. Mit gutem Grund: Der Anstieg ist selbst für Sechsjährige kein Problem, und man erreicht einen richtigen Gipfel mit Gipfelzeichen, steilen Felsflanken, einem Tiefblick zum Stausee!
Zu diesem Erlebnis führen ein kurzer und ein noch kürzerer Aufstieg:
a) Von der **Dortmunder Hütte** durch lichten Wald, später über einen freien sanften Rücken in freies Gelände (»Auf der Burg«), über einen kurzen steileren Hang und entlang einer felsigen Flanke geradewegs zum Gipfel.
b) Von der **Bergstation** leicht ansteigend queren, bis man vor der Flanke, die steil ins Längental hinabzieht, nach links abbiegen muß und wie bei a) zum Gipfel aufsteigen kann.

Die **Abfahrt** folgt dem jeweiligen Anstiegsweg.
Variante: Kleiner Zwölferkogel (2575 m) – kerzengerade über die steile
Nordflanke – SCHWARZ.

*Wer im Juni an der Mute noch Skilaufen möchte, muß sich dazu bequemen, seine
Muskelkraft einzusetzen. Für Kinder allerdings eine ideale Tour, bleibt doch nach
dem kurzen Anstieg noch genügend Zeit für eine Radtour.*

44 Gaißkogel, 2820 m

Großartige Überschreitung mit anspruchsvoller Steilabfahrt nach Haggen

Parkplatz beim Sessellift »Drei Seen« – Plenderle See – Gaißkogelscharte – Gaißkogel – Äußere Hirscheben – Haggen

Talort: Kühtai, 2017 m. 29 km von der Ausfahrt »Kematen/Sellrain« der Inntalautobahn. Nähere Angaben S. 27.

Ausgangspunkt: Parkplatz etwas unterhalb von Kühtai bei der neuen Vierer-Sesselbahn »Drei Seen«, 1950 m. Zur Bergstation (etwa 2300 m). Zu Fuß: Kürzer von der Talstation des östlichsten Schlepplifts.

Höhenunterschied: 570 Hm im Aufstieg; 1174 Hm in der Abfahrt.

Gehzeiten für den Aufstieg: Bergstation – Gaißkogelscharte 1½ Std., Scharte – Gaißkogel ½ Std.; Gesamtzeit 2 Std.

Anforderungen: Der Aufstieg zur Gaißkogelscharte führt über einen Steilhang. Häufig ist es günstiger, ihn zu Fuß mit aufgeschnallten Ski zu bewältigen. Der Rücken zum Gipfel ist meist nur im ersten Teil mit Ski begehbar. Dann Kletterei über unschwierige Blöcke, Trittsicherheit erforderlich. Die Abfahrt führt im ersten Teil durch felsdurchsetztes Steilgelände, bei dem die Ski wirklich beherrscht werden müssen.

Hangrichtung: Aufstieg West, Abfahrt vorwiegend Nord und Ost.

Lawinengefährdung: Bereits der steile Westhang zur Gaißkogelscharte ist häufig lawinengefährdet. Dasselbe gilt für den obersten Teil der Abfahrt. Unbedingt sichere Schneeverhältnisse erforderlich! Der Steilhang zur Scharte hat vor einigen Jahren zwei Lawinentote gefordert.

Orientierung: Beim Aufstieg kann mit Spuren gerechnet werden. Gipfel auch bei fehlender Spur leicht zu finden. Bei der Abfahrt Aufspüren der richtigen Einfahrt wichtig.

Günstige Zeit: Februar – Mai.

Der Aufstieg zum Gaißkogel ist zwar kurz, an die Abfahrt durch die Äußere Hirscheben nach Haggen dürfen sich aber nur erprobte Skibergsteiger wagen. Neulinge sollten sich einem erfahrenen Freund anvertrauen oder – auf dem Anstiegsweg abfahren.

Durch die »Hirscheben« auf den Gaißkogel: Solange die Liftanlagen im Kühtai in Betrieb sind, läßt sich der Anstieg auf diesen Gipfel erheblich verkürzen und man kann bei sicheren Verhältnissen durch die Hirscheben abfahren.

Von der Bergstation leicht abwärts in den weiten Boden, in den die Seen eingelagert sind. Oberhalb des Oberen **Plenderle Sees** wandert man mit geringem Höhengewinn Richtung Südost zum Fuße des Steilhangs, der von der **Gaißkogelscharte** (2658 m) herabzieht. Über diesen Hang in die Scharte. Zunächst noch mit Ski über den Südrücken, dann zu Fuß über blockiges Gelände mit aufgeschnallten Ski zum Gipfel.

Für die **Abfahrt** ein kurzes Stück zu Fuß Richtung West. Hier setzt eine Rinne an, die zwischen Felsen steil in ein Kar führt. Nach diesem schwierigsten Teil der Abfahrt geht es gemütlich durch eine weite Mulde, die **»Äußere Hirscheben«**. Nun neuerlich über eine Steilstufe in den Talboden, etwas rechts haltend hinaus, über eine Brücke zur Fahrstraße, die man etwas oberhalb von **Haggen** erreicht. Mit dem Bus (Haltestelle in Haggen) zurück ins Kühtai.

45 Hochwanner, 2488 m

Anspruchsvolle Mini-Skitour mit Pfiff

Speicher »Längental« – Skidepot am Gratansatz – Hochwanner

Talort: Kühtai, 2017 m. 29 km von der Ausfahrt »Kematen/Sellrain« der Inntalautobahn. Nähere Angaben S. 27.
Ausgangspunkt: Parkplatz (1900 m) bei der Staumauer des Speichers »Längental«, etwa 2 km westl. der Paßhöhe.
Höhenunterschied: 588 m.
Gehzeiten für den Aufstieg: Staumauer »Längental« – Skidepot 1½ Std., Skidepot – »Skigipfel« ¼ Std., »Skigipfel« – Gipfel ¼ Std.; Gesamtzeit 2 Std.
Anforderungen: Bis zum Skidepot teilweise steile Hänge und eine insbesondere bei Hartschnee unangenehme Querung. Ab Skidepot Trittsicherheit und

Schwindelfreiheit erforderlich.
Hangrichtung: Aufstieg und Abfahrt vorwiegend Nordost und Nord.
Lawinengefährdung: Häufig lawinengefährdet, insbesondere nach Schneefällen mit Windverfrachtung.
Orientierung: Der Anstieg wird bis zu einem Vorgipfel gelegentlich von Einheimischen und geführten Gruppen (Skitourenkurse auf der Dortmunder Hütte) begangen. Bei fehlender Spur ist die Orientierung nicht ganz einfach. Das Anlegen einer guten Spur erfordert Tourenerfahrung.
Günstige Zeit: Februar – Mai.

Der Hochwanner ist eine kurze, aber keineswegs harmlose Skitour. Die rassige Abfahrt wird von einheimischen Tourengehern geschätzt, mit zerfurchten Hängen muß man jedoch nicht rechnen. Der Andrang hält sich in Grenzen. Das erhöht den Genuß auf den windgeschützten Steilhängen.
Vom Parkplatz weg überquert man zunächst die **Staumauer**. Nun nicht nach rechts in der Spur der vielen Tourengeher, die ins Mittertal ziehen, um einen der besonders beliebten Skigipfel zu besteigen (Schafzoll, Vordere und Hintere Karlesspitze, Wechnerscharte), sondern etwas links haltend über einen ziemlich steilen Nordhang. Sobald das Gelände flacher wird, hält man

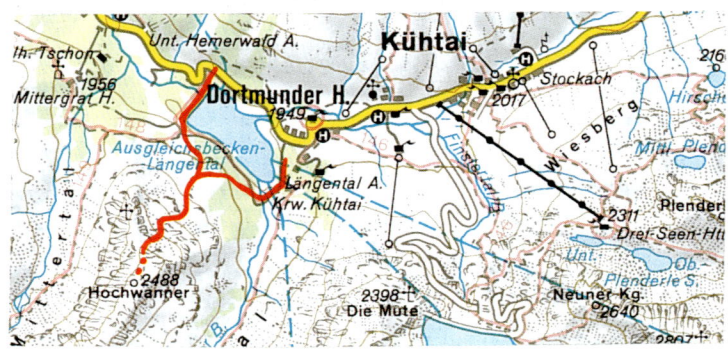

Abfahrt vom Hochwanner bei prachtvollem Pulverschnee.

sich neuerlich links. Hierher kommt man auch vom anderen Ende des Stausees, das in wenigen Minuten von der Dortmunder Hütte erreicht werden kann, über einen gleichfalls recht schönen Nordosthang. Weiter geht es ziemlich steil bis zu einem sperrenden Felsriegel, der in einer heiklen Querung in einer Linksschleife umgangen wird. Neuerlich über einen steilen Hang, dann rechts haltend zum Ansatz eines Gratrückens. Hier wird meist das **Skidepot** errichtet.

Bei günstigen Verhältnissen kann man die Ski noch bis zu einem Vorgipfel (»Skigipfel«) mitnehmen. Die Flanke, die man dann befährt, ist allerdings steil und felsdurchsetzt und sollte nur bei ausreichender Schneelage, wirklich sicheren Verhältnissen und natürlich entsprechendem Können befahren werden. Von diesem Vorgipfel wandert man fast eben über einen breiten Gratrücken zum Gipfelaufbau. Über unschwierige Blöcke, die allerdings bei Vereisung unangenehm sein können, steigt man in zehn Minuten zum höchsten Punkt auf. Die meisten Tourenfreunde geben sich mit dem erwähnten Vorgipfel zufrieden.

Die **Abfahrt** folgt dem Anstiegsweg.

46 Schafzoll, 2399 m

Beliebte Skitour mit hindernisloser Genußabfahrt

Parkplatz beim Speicher Längental – Talboden – Schafzoll

Talort: Kühtai, 2017 m. 29 km von der Ausfahrt »Kematen/Sellrain« der Inntalautobahn. Nähere Angaben S. 27.
Ausgangspunkt: Parkplatz (1900 m) bei der Staumauer des Speichers »Längental«, etwa 2 km westl. der Paßhöhe.
Höhenunterschied: 500 Hm.
Gehzeiten für den Aufstieg: Parkplatz – Talboden ½ Std., Talboden – Schafzoll 1¼ Std.; Gesamtzeit 1¾ Std.
Anforderungen: Leichte Skitour, allerdings etwas steile Hänge. Gute Spitzkehrentechnik auf dem Gratrücken vorteilhaft. Harscheisen sind häufig empfehlenswert.

Hangrichtung: Aufstieg und Abfahrt vorwiegend Ost.
Lawinengefährdung: Mitunter lawinengefährdet. Wegen der Ostlage ist im Frühjahr rechtzeitige Abfahrt erforderlich.
Orientierung: Der Schafzoll ist einer der beliebtesten Skigipfel im Bereich des Kühtais und wird zumeist bei entsprechend günstigem Tourenwetter nicht nur am Wochenende, sondern auch an Wochentagen begangen. Bei guter Sicht ist die Orientierung auch bei fehlender Spur einfach.
Günstige Zeit: Dezember – April.

Der Schafzoll ist ein unbedeutender Gupf am Ende des Kammes, der das Mittertal vom Wörgetal (beide Ausgangspunkte für genußreiche Skitouren) trennt.

Vom Parkplatz beim **Speicher »Längental«** über die Staumauer und auf einem auch bei Schneelage erkennbaren Weg nach rechts leicht aufwärts in den Wald. Durch diesen Wald kurz und etwas steil in den weiten **Talboden des Mittertales**, den man quert, und den Bach an einer günstigen Stelle überschreiten.

Schon vorher sieht man den verlockenden Osthang, der vom Schafzoll bis in den Talboden reicht, ohne ein einziges Flachstück aufzuweisen. Über diesen Osthang steigt man zunächst zwischen Bäumen bis in eine Höhe von etwa 2100 m auf. Hier quert man nach rechts zu einem breiten Rücken, den man

wieder Richtung West verfolgt. Hat man den Gipfelhang erreicht, kann man sowohl geradeaus zum Gipfelzeichen als auch – etwas links haltend – zum etwas höheren Südgipfel aufsteigen.

Die **Abfahrt** folgt dem Anstiegsweg. Bei sicheren Verhältnissen kann man vom Gipfelhang unmittelbar durch eine steile Mulde abfahren, muß also nicht zu dem beim Anstieg beschriebenen Rücken queren. Bei Firn weicht der Schnee wegen der extremen Ostlage der Abfahrt frühzeitig auf. Rechtzeitiger Aufbruch ist empfehlenswert – nicht nur aus Gründen des Skigenusses, sondern auch wegen der Sicherheit (Gefahr nasser Schneebrettlawinen insbesondere in der erwähnten Mulde).

Blick vom Schafzoll auf die Vordere Karlesspitze.

47 Vordere Karlesspitze, 2574 m

Hochgenuß für gute Skiläufer!

Parkplatz beim Speicher »Längental« – Talboden Mittertal – Hinteres Karle – Vordere Karlesspitze

Talort: Kühtai, 2017 m. 29 km von der Ausfahrt »Kematen/Sellrain« der Inntalautobahn. Nähere Angaben S. 27.
Ausgangspunkt: Parkplatz (1900 m) bei der Staumauer des Speichers »Längental«, etwa 2 km westl. der Paßhöhe.
Höhenunterschied: 674 Hm. Zusätzlich kurze Gegensteigung.
Gehzeiten für den Aufstieg: Parkplatz bei der Staumauer – Talboden Mittertal ½ Std., Talboden – Hinteres Karle 1¼ Std., Hinteres Karle – Vordere Karlesspitze ½ Std.; Gesamtzeit 2¼ Std.
Anforderungen: Ausgesprochene Steilhänge, die eine gute Fell- und Skitechnik

erfordern. Harscheisen empfehlenswert.
Hangrichtung: Aufstieg und Abfahrt vorwiegend Ost und Süd.
Lawinengefährdung: Häufig lawinengefährdet, nur bei sehr stabilen Schneeverhältnissen aufsteigen, am besten bei Firn nach einer kalten Nacht. Tageserwärmung beachten – rasche Aufweichung der Schneedeke in den steilen Süd- bzw. Osthängen!
Orientierung: An schönen Wochenenden mit großer Wahrscheinlichkeit begangen. Wenn keine Spuren vorhanden sind, ist die Orientierung etwas schwierig.
Günstige Zeit: Februar – April.

Bereits vom Kühtaier Sattel aus sieht man die Vordere Karlesspitze – ein kühnes Horn, zu steil für einen Skigipfel. Das durchschnittliche Können der Tourenskiläufer hat sich jedoch ungemein gesteigert. Die »Karles« ist fast eine Art »Modeberg« geworden.

Vom Parkplatz beim Speicher **»Längental«** über die Staumauer und auf einem Fahrweg kurz in Richtung West. Knapp bevor der Fahrweg endet, steigt man durch lichten Wald in das flache **Talbecken des Mittertales** auf.

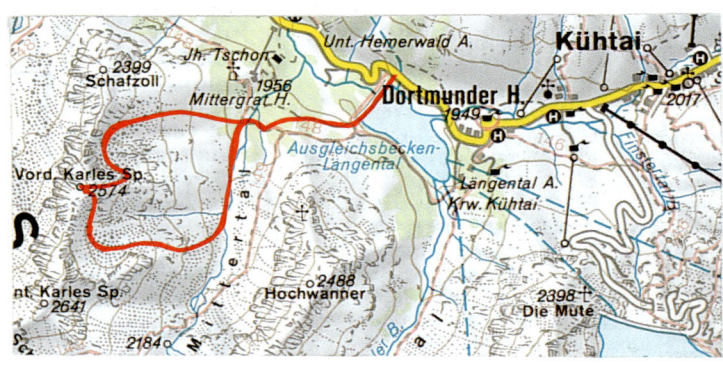

Auf dem Gipfel der Vorderen Karlesspitze, im Hintergrund Acher- und Wechnerkogel.

Weiter talein, bis man nach dem felsigen Ostrücken der Vorderen Karlesspitze Richtung West steil ins **Hintere Karle** aufsteigen kann. Aus diesem Kar erreicht man über die sich zunehmend aufsteilende Südflanke etwas von rechts her den Gipfel.

Oder: Wie beim Anstieg zum Schafzoll (Tourenvorschlag 46) ins Mittertal, über den Bach und den Osthang bis in eine Höhe von etwa 2100 m. Hier zweigt man links ab und steigt Richtung Südwest durch das **Vordere Karle** auf, bis Felsen nach links abdrängen. Auf einer Art Terrasse quert man zu dem steilen Rücken, der von der **Vorderen Karlesspitze** nach Ost zieht. Über ihn erreicht man den Gipfel.

Die **Abfahrt** folgt dem Anstiegsweg. Natürlich können die beiden Routen zu einer Überschreitung kombiniert werden. Dabei steigt man am besten über das Hintere Karle auf und fährt über das Vordere Karle ab. Wenn keine Spuren vorhanden sind, ist darauf zu achten, daß man die richtige Einfahrt in das Vordere Karle findet.

48 Wechner Scharte, 2758 m

Pulverschnee kann (fast) garantiert werden ...

Parkplatz beim Speicher »Längental« – Talboden Mittertal – Roßböden – Mittertalferner – Wechner Scharte

Talort: Kühtai, 2017 m. 29 km von der Ausfahrt »Kematen/Sellrain« der Inntalautobahn. Nähere Angaben S. 27.

Ausgangspunkt: Parkplatz (1900 m) bei der Staumauer des Speichers »Längental«, etwa 2 km westl. der Paßhöhe.

Höhenunterschied: 858 m.

Gehzeiten für den Aufstieg: Parkplatz – Mittertal ½ Std., Mittertal – Roßböden 1¼ Std., Roßböden – Mittertalferner 1¼ Std., Mittertalferner – Wechner Scharte ½ Std.; Gesamtzeit 3½ Std.

Anforderungen: Abgesehen von einer Steilstufe vor dem Mittertalferner, die einige Ansprüche an die Skitechnik stellt, leichtes Skigelände.

Hangrichtung: Aufstieg und Abfahrt vorwiegend Nord und Nordost.

Lawinengefährdung: Mitunter lawinengefährdet. Schneebrettgefahr insbesondere in der oben erwähnten Steilstufe. Bei schlechter Sicht u.U. Gefahr von den Talflanken her.

Orientierung: Beliebtes Tourenziel, an schönen Wochenenden meist begangen. Auch bei fehlender Spur ist die Orientierung einfach, weil man nur dem Mittertal zu folgen braucht.

Variante: Wechner Wand (2855 m) – kein Skigipfel. Schwierig (II).

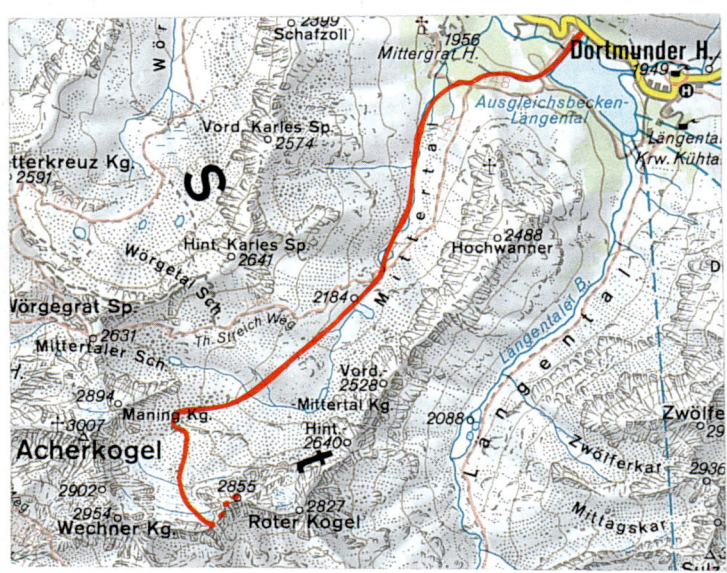

Über diesen schönen Boden führt der Anstieg zur Wechner Scharte, rechts der Acherkogel, in der Bildmitte der Wechnerkogel.

Die Wechner Scharte liegt über dem Talschluß des Mittertales. Das kleine, windgeschützte Gletscherchen unterhalb der Scharte wird mit Recht als »Pulverschnee-Garant« geschätzt. Leider ist der Zustieg bis zu diesem Gletscherfleck lang und teilweise flach.

Vom Parkplatz beim **Speicher »Längental«** über die Staumauer und auf einem (nicht geräumten) Fahrweg ein kurzes Stück Richtung West. Knapp bevor der Fahrweg endet, steigt man durch lichten Wald in das flache **Talbecken des Mittertales** auf. In sanftem Anstieg durchwandert man das Mittertal bis zum Talschluß. Eine mäßig steile Hangstufe, die man am besten an der (im Anstiegssinne) rechten Seite überwindet, führt in die große Mulde der **Roßböden**. Jetzt folgt ein Steilhang, der links durch Felsen gesperrt ist. Man hält sich deshalb rechts und steigt in der Nähe des berühmten Maningkogel-Nordostgrates (Genußkletterei, III-IV) auf. In einer Höhe von 2550 m hält man wieder auf die Scharte zu. Man erreicht den **Mittertalferner**, einen unbedeutenden Gletscherrest, über den man Richtung Ost zur Scharte aufsteigt.

Die **Abfahrt** folgt dem Anstiegsweg. Der obere Teil gilt als verläßlicher Tip für Pulverschneefanatiker.

Variante: Wechner Wand (2855 m). Von der Scharte über den Südsüdwestgrat (II) auf einen Vorgipfel und weiter – nunmehr weniger schwierig – zum Hauptgipfel.

49 Hintere Karlesspitze, 2641 m

Schöner Skigipfel – verhältnismäßig selten besucht

Alte Klause – Obere Iss Alm – Obere Böden – Wörgetalsattel – Hintere Karlesspitze

Talort: Kühtai, 2017 m. 29 km von der Ausfahrt »Kematen/Sellrain« der Inntalautobahn. Nähere Angaben S. 27.

Ausgangspunkt: Von Kühtai über die Westrampe der Paßstraße Richtung Ötztal. 3 km nach der Paßhöhe führt eine Brücke über den Neederbach (etwa 1740 m, »Alte Klause«). Die Parkmöglichkeiten sind hier etwas beschränkt. Am besten parkt man etwas vor oder nach der Brücke.

Höhenunterschied: 901 Hm.

Gehzeiten für den Aufstieg: Alte Klause – Obere Iss Alm ½ Std., Alm – Obere Böden 1 Std., Obere Böden – Wörgetalsattel 1 Std., Wörgetalsattel – Hintere Karlesspitze ½ Std.; Gesamtzeit 3 Std.

Anforderungen: Vom Parkplatz zur Oberen Iss Alm mühsam, aber unschwierig durch Wald. Der Aufstieg zum Wörgetalsattel führt über eine ziemlich steile Flanke. Der Gipfel selbst wird steil, aber unschwierig erreicht.

Hangrichtung: Aufstieg und Abfahrt vorwiegend Nordwest und Nord.

Lawinengefährdung: Mitunter lawinengefährdet, insbesondere nach Schneefällen mit Windverfrachtung.

Orientierung: Der Anstieg wird verhältnismäßig selten begangen. Mit Spuren kann nicht unbedingt gerechnet werden. Bei fehlender Spur ist die Orientierung einfach, wenn man den Wörgetalsattel richtig erkennt – bei guter Sicht kein Problem.

Günstige Zeit: Dezember – April.

Variante: Abfahrt ins und durch das Mittertal – SCHWARZ.

Aus dem Wörgetal erreicht man den Wörgetalsattel und über den Südwestgrat die Hintere Karlesspitze.

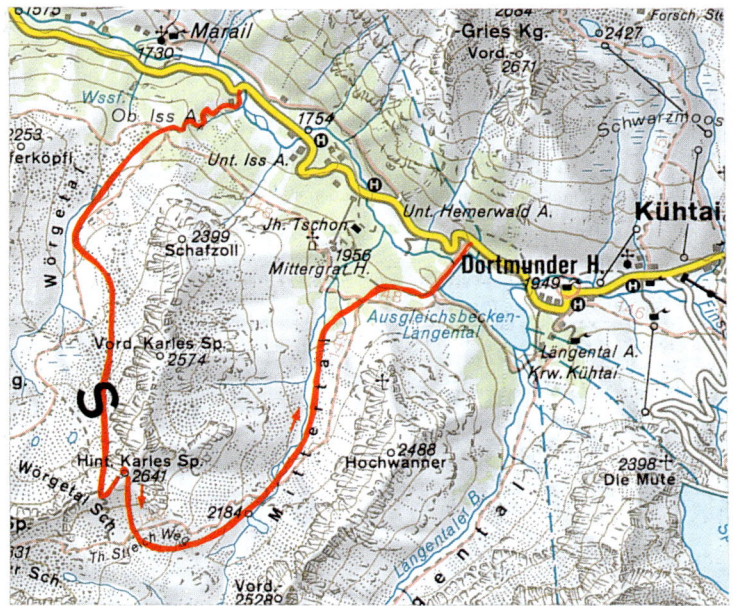

Man hat den Eindruck, daß die vielen Tourengeher, die an jedem schönen Wochenende durch das Mittertal ziehen, nur ein Ziel kennen: das Wetterkreuz. Wenn wir nach links zur Hinteren Karlesspitze abzweigen, werden wir dagegen häufig selbst die Spur anlegen müssen.

Die Hintere Karlesspitze hat zwei recht unterschiedliche Gesichter: einen Zustieg durch das Mittertal, der sich zunächst etwas zieht, dann aber in eine steile Südostflanke mündet und einen »normalen Anstieg« durch das Wörgetal, der hier beschrieben wird. Durch lichten Wald steigt man, ungefähr dem Verlauf des Sommerweges folgend, zur **Oberen Iss Alm** (1929 m) auf. Im Wörgetal geht es mit bescheidenem Höhengewinn weiter. Bald verläßt man die »Heerstraße« zum Wetterkreuz nach links und erreicht die sanften **Oberen Böden**. Noch stärker links haltend steigt man Richtung Süd steil zum **Wörgetalsattel** (etwa 2580 m) auf. Über den Südwestrücken unschwierig auf den Gipfel.

Die **Abfahrt** folgt dem Anstiegsweg.

Variante: Über die steile Südwestflanke ins Mittertal und zur Paßstraße abfahren.

50 Wetterkreuz, 2591 m

Beliebter Skigipfel – trotz längerer Flachstellen eine »Genußtour«

Alte Klause – Obere Iss Alm – Obere Böden – Wetterkreuz

Talort: Kühtai, 2017 m. 29 km von der Ausfahrt »Kematen/Sellrain« der Inntalautobahn. Nähere Angaben S. 27.
Ausgangspunkt: Von Kühtai über die Westrampe der Paßstraße Richtung Ötztal. 3 km nach der Paßhöhe führt eine Brücke über den Neederbach (etwa 1740 m, »Alte Klause«). Beschränkte Parkmöglichkeiten; am besten parkt man etwas vor oder nach der Brücke.
Höhenunterschied: 851 Hm.
Gehzeiten für den Aufstieg: Alte Klause – Obere Iss Alm ½ Std., Obere Iss Alm – Obere Böden 1 Std., Obere Böden – Wetterkreuz 1½ Std.; Gesamtzeit 3 Std.
Anforderungen: Außer einigen Steilstu-

fen keine Probleme. Auch für Anfänger.
Hangrichtung: Aufstieg und Abfahrt vorwiegend Ost und Nord.
Lawinengefährdung: Bei vernünftiger Wahl der Anstiegs- und Abfahrtsspur kaum lawinengefährdet.
Orientierung: An schönen Wochenenden mit Sicherheit begangen. Auch bei fehlender Spur ist die Orientierung verhältnismäßig einfach.
Günstige Zeit: Dezember – April.
Varianten: a) Kleines Windegg (2607 m) und Großes Windegg (2644 m) – etwa ¼ Std. länger, häufig lawinengefährdet – SCHWARZ.
b) Gaißschartlesgrat (2419 m).

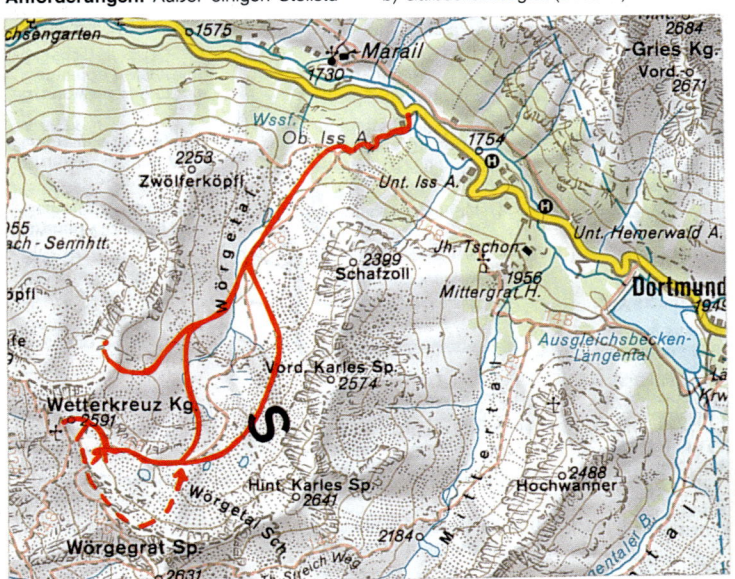

Die herrliche Abfahrt vom Wetterkreuz.

Das **Wetterkreuz**, das wir aus dem Wörgetal besteigen, ist ein schöner Skigipfel im Kamm, der vom mächtigen Acherkogel nach Süd zieht. Überraschend und eindrucksvoll sind der Tiefblick ins Ötztal (der Ort Ötz liegt unmittelbar unter uns) und der Blick auf die Ötztaler Alpen.

Vom Parkplatz bei der Straßenbrücke (»**Alte Klause**«) folgt man ungefähr dem Sommerweg durch lichten Wald und erreicht die **Obere Iss Alm** (1929 m). Mit geringem Höhengewinn durch das Wörgetal. In einer Höhe von etwa 2100 m umgeht man eine felsdurchsetzte Steilstufe (rechts). Nach dieser steileren Einlage geht es wieder sanft durch die **Oberen Böden**. Unmittelbar nach der »Schwarzen Wand« biegt man scharf Richtung West ab. In einer schönen Mulde geht es zu einem weitläufigen Gipfelplateau hinauf und zum mächtigen Gipfelkreuz.

Die **Abfahrt** folgt dem Anstiegsweg.

Varianten: a) Vom Wetterkreuz erreicht man über den Gratrücken Richtung Südost zunächst das **Kleine** (2607 m) und anschließend das **Große Wind-egg** (2644 m). Steil durch eine Rinne vom Kleinen oder durch die felsdurchsetzte Flanke vom Großen Windegg.

b) **P. 2419 im Gaißchartlesgrat**. Noch vor der Schwarzen Wand nach rechts abzweigen. Durch prachtvolle, in der Regel unverspurte Mulden zu einem kleinen Sattel und weiter zum Gipfel.

Stichwortverzeichnis

Die Ziffern hinter den Begriffen verweisen auf die jeweiligen Seitenzahlen.